历史长河

王渝生　主编

中国大百科全书出版社

图书在版编目（CIP）数据

历史长河 / 王渝生主编. -- 北京 ：中国大百科全
书出版社，2025. 1. -- ISBN 978-7-5202-1710-1

I . K209

中国国家版本馆CIP数据核字第2024UA9875号

历史长河

出 版 人：刘祚臣
责任编辑：刘敬微
责任校对：黄佳辉
责任印制：李宝丰
排版制作：北京升创文化传播有限公司

中国大百科全书出版社出版发行

（地址：北京阜成门北大街17号　电话：88390718　邮政编码：100037）

唐山富达印务有限公司

开本：710毫米×1000毫米　1/16　印张：8　字数：100千字

2025年1月第1版　2025年1月第1次印刷

ISBN 978－7－5202－1710－1

定价：48.00 元

编委会

前　言

　　《历史长河》是一本面向大众的知识性普及读物，主要介绍中国古代历史的发展演进。它从中国迄今发现的最早的直立人——元谋猿人讲起，沿着时间的线索，勾勒出中华民族先民从远古走来，经历了原始社会的漫长岁月，奴隶社会的严酷剥削，封建王朝的兴衰更迭，直到辛亥革命结束了中国长达2000年的封建君主专制制度的历史进程。还通过对不同历史时期的概述，以及对关键历史人物和事件的介绍，从文化、政治、经济等多个方面，为读者呈现了一幅中国古代社会的历史画卷。

　　全书以条目形式进行编排，释文力求简明扼要、通俗易懂。标题一般为词或词组，释文一般依次由定义和定性叙述、简史、基本内容、插图等构成，依据条目的性质和知识内容的实际状况有所增减或调整。全书内容系统、信息丰富且易于阅读。为了使内容更加适合大众阅读，增加了不少插图，包括照片、线条图等，随文编排。

目录 ———

元谋猿人

直立人化石。1965 年在中国云南元谋上那蚌村西北发现。以两枚牙齿为代表。为左、右上内侧门牙，门齿舌面两侧有棱脊，中间凹陷，呈铲形，齿冠基部结节显著突起，形态特征与北京猿人门齿接近。此后，在当地同一层位找到三块石器。哺乳动物化石有云南马、爪蹄兽、山西轴鹿、小麂、元谋狼等。据对动物群的分析，元谋猿人应属更新世早期。古地磁年代测定有两种结果：一是约 170 万年前，二是 60 万～50 万年前。据对古植物的分析，当时该地的自然环境是森林和草原，气候比现在凉爽。

元谋猿人牙齿

北京猿人

直立人化石。最早命名为北京中国猿人，后称北京直立人，俗称北京人。出自中国北京周口店龙骨山的一个山洞。1921 年发现此洞穴堆积，1927 年起进行发掘。1929 年 12 月发掘出第一个完整的北京人头

盖骨，20 世纪 30 年代又发现人类化石、石制品、骨角制品

北京猿人头盖骨

和用火遗迹，50 年代后又出土人类化石等。至今已出土 40 多个个体的人类化石、10 万余件石制品和骨角制品、近百种哺乳动物化石、上百种鸟类化石，以及用火留下的大量灰层。这

根据头盖骨复原的北京猿人像

些发现使这里成为世界上直立人材料最系统、最丰富的遗址。北京人的发现意义重大，证明了直立人的存在。

山顶洞人

晚期智人化石。1933 年发现于中国北京周口店北京猿人洞上方的山顶洞。当时发掘出 3 个完整头骨和其他骨骼化石，

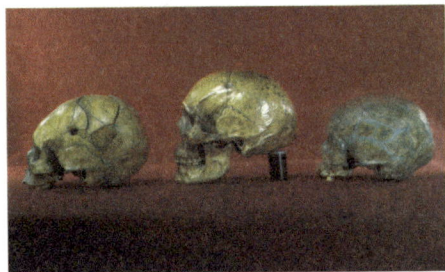

山顶洞人头骨化石（侧视）

代表至少 8 个个体。时代为距今 3 万~1 万年。可看成原始蒙古人种。

山顶洞人已会将兽皮缝制成衣服，且知道制造和使用比较细的纤维；劳动生产率已大大提高，有了闲暇时间进行装饰，装饰品丰富多彩；山顶洞

人化石周围散布着红色的赤铁矿粉末，这是中国最早有意识埋葬死者的证据。山顶洞遗址是中国最重要的旧石器时代晚期地点。

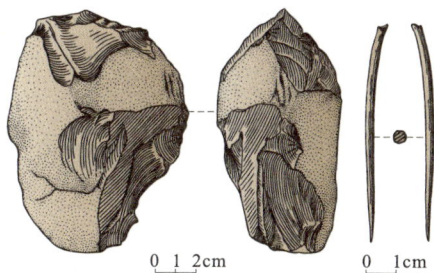

山顶洞人制作的石器和骨针

河姆渡文化

中国新石器时代晚期文化。因浙江余姚河姆渡遗址而得名。

河姆渡遗址出土的炭化稻米

主要分布在杭州湾南岸宁绍平原和舟山群岛一带。年代约为公元前5000～前3300年。经济生活以稻作农业为主。家畜有猪、狗和水牛。渔猎采集也是重要的经济部门。原始手工业发达。流行夹炭黑陶。出土有中国迄今最早的一批织机部件实物。木作工艺发达。除木

河姆渡遗址出土的骨耜

工具和木器皿外，还发现木桨，由此推知已有舟楫之便。遗址中发现的一件涂着红漆的木碗，是中国已知最早的漆器。聚落是木构干栏式建筑。在遗址中还发现有中国最早的水井。存在崇拜日神的原始信仰。

三皇五帝

中国传说时代的古史系统。随着古代文明和文化的发展，经过战国秦汉数次对古史传说的综合整理而逐步形成。"三皇"一词出现于战国，如楚辞有西皇、东皇、上皇等。当时又有天皇、地皇、泰皇之说。在《周礼》《吕氏春秋》《庄子》中，始有指人主的"三皇五帝"。"五帝"一词较早见于《荀子》，但无人名。汉代以后，以伏羲、神农、黄帝为"三皇"，少昊、颛顼、帝喾、尧、舜为"五帝"之说逐渐成为定制。这一古史系统尽管是后人总结归纳的，却包含了真实历史的影子。

黄帝

中国传说时代的古帝。原为一个古族的始祖、华夏集团的代表人物，后被尊为中华民族的人文初祖。

轩辕黄帝像（山东武梁祠石刻）

相传黄帝姬姓，号轩辕氏。还有黄帝为有熊国君，号有熊氏之说。原始社会晚期，随着氏族社会的发展进入下行阶段，各古族间战争增多，给社会带来很大破坏。轩辕修德振兵，发展农业，改革军队，团结周围古族氏，与炎帝战于阪泉之野，与蚩尤战于涿鹿之野，又进行了一系列的征战，建立了新秩序。

黄帝时代有许多发明创造。生产技术方面的有穿井、做杵臼、做弓矢、服牛乘马、做驾、做舟等，物质生活方面的有制衣裳、旒冕、扉履等，文化方面的则有做甲子、占日月、算数、调历、造律吕、医药、文字等。这些发明创造，加速了人类社会迈向文明的进程。一般认为黄帝时代为五千多年前，所以又有中国五千年文明之说。

炎帝

中国传说时代的古帝。原属华夏部族集团。相传炎帝姓姜。其先世与黄帝族一样，是从关中西部的一个原始氏族中分裂出来的。发展到中原以后，两个古族曾发生过阪泉之战，后来炎帝和黄帝一起成为华夏部族集团代表人物。

随着各古族的迁徙、各地区古文化的交流融合和更大范围民族共同体的形成，在战国文献中，炎帝已经演变为南方民族的宗神。同时随着炎帝与神农氏的合户，炎帝神农氏成

为原始农业发明者的代表。

湖南株洲炎陵县炎帝陵殿全景

炎帝神农氏、黄帝轩辕氏这两个名号浓缩了中华文明孕育的漫长历史，这应是中华儿女自称为"炎黄子孙"的原因。

尧

中国传说时代的古帝。名放勋，号陶唐氏，史称唐尧。在传说时代的古史系统中，尧为帝喾之子。相传尧都平阳（今山西临汾西南），今在临汾盆地发现了丰富的龙山文化遗存。传说尧时文明因素的聚集已大大超过前代，如《尚书·尧典》说，尧组织了相当规模的观象授时，以历数之法观察日月星

尧

辰的运行；还传说尧时用蓂荚占历，这反映出当时已开始积累规律性的认识，为以后观测与推算结合奠定基础。这一阶段领袖人物的传承实行禅让制，舜为尧的继承人。

禅让制

中国传说时代对原始社会首领职位传承习惯法的概括。基本特点在于继任人选必须经过公众推举和议事会认可。尽管存在首领之子被推举、数代领袖人物出自同一家族或家庭的事实，但这种继承法的关键

在于任何人都没有法定继承权。

由于原始社会生存斗争艰难，为保证群体的生存，首领人物必须具有组织公共事务的才能，同时能在遵守社会道德方面起典范作用。作为一种习惯法，经过推举讨论而传贤在世界各地的古代社会广泛存在过。

舜

中国传说时代的古帝。姚姓，名重华，号有虞氏，史称虞舜。传说中，尧、舜、禹为

舜

前后禅让的三个圣王，舜完成举用八元、八恺，放逐四凶，以及任命禹治水等盛业。还说

舜母早死，父另娶生弟，父、母和弟皆欲杀舜，舜小心顺事，有兄弟孝慈之美名，因而被尧选拔为继任者。相传舜设立了管理刑狱、礼仪、工匠及负责农业、山林川泽的官吏，将氏族制度的机构改造成早期国家机器的雏形，所以古代有"虞夏商周"相提并论之说。

禹

中国传说时代的古帝。是史前先民抗御洪水的代表人物。姒姓，名文命，号有夏氏，史称夏禹，古文献中常尊称大禹。鲧之子、启之父。

相传尧时洪水滔天，用鲧治水九年不成。舜摄政后，杀鲧举禹。禹在益、稷协助下，一边根据地形用堙塞或疏导的方法治水，一边利用山林沼泽发展农业生产，终于使得民有所食、万国为治、四海会同。

相传禹受舜禅位成为部落

禹

联合体的首领人物，禹同样依禅让的原则选择了继任者，禅位于益，但禹的儿子启僭取了首领职位，建立了夏朝。

夏

中国古代第一个王朝。存在于公元前 2070 年至约前 1600 年。禹死后，其子启僭取了首领职位，又战胜不服从他的有扈氏，建立夏朝。夏朝已经设立初步的国家机构，还出现了代表统治者意志的军队、法律、监狱等。夏朝初期，政权一度被外族夺取，到少康的时候才得以恢复。之后夏朝经过较长一段时间的中兴稳定局面，到孔甲时开始衰落。到桀的时候，统治集团内部矛盾不断激化，夏朝被商汤所灭。

二里头文化玉圭

夏朝已进入青铜时代，社会经济有了长足的进步，手工业技术迅速发展，带动社会生产全面提高。当时已有文字。夏朝的统治中心地带，大致西以华山为界，北达山西壶关，东至河南的武陟、荥阳、原阳一带，南接湖北。

世袭制

中国古代社会实行的一种权力继承制度。特点是一个家族代代世袭帝位、王位或爵位，或父死子继，或兄终弟及。世袭制的确立是私有制发展的结果，也是阶级对立的产物，标志着"天下为公"的原始社会为"家天下"的阶级社会所代替。从夏朝开始，世袭制在中国历史上沿袭了将近四千年。在当时的历史条件下，世袭制对于国家和社会的稳定起到了一定的积极作用，但最后又成为历史发展的桎梏。辛亥革命推翻了清朝的统治，世袭制被废止。

商

中国历史上继夏之后的一个王朝。从公元前 1600 年汤灭

夏始，至前 1046 年纣被周武王攻灭止。商朝已进入有文字记载的历史时期。农业比较发达，

记录武丁时期征伐方国的甲骨卜辞拓片

已用多种谷类酿酒；手工业水平很高，商朝是青铜器的全盛时代，青铜器品种繁多；商业也有发展，出现了规模较大的早期城市。自汤建国、盘庚迁殷，至武丁时期，在对周围方国的频繁战争中，疆域及势力空前扩大。武丁在位期间，商朝国力达到顶峰。此后走向衰落，到纣王统治时期被周武王攻灭。商强盛时期的势力所及，

商代青铜器四羊方尊

东起山东半岛，西至陕西西部，南及江汉流域，北达河北北部。

汤

中国商朝的建立者。传说名履，又称商汤、成汤、武汤。汤原是夏时商族部落的首领，他任用贤臣，发展力量，陆续灭掉邻近的部落、方国，十一征而无敌于天下。后利用夏桀荒淫无道、内部矛盾激化的时机，击败桀于鸣条（今河南封丘东）。此后三千诸侯大会，汤被推为天子。汤三让，诸侯不从，于是汤即天子之位，建立商朝。汤注意"以宽治民"，

汤

因此统治期间政权较为稳定，国力日益强盛。在位 13 年，卒后由次子外丙继王位。

纣

中国商朝末代君王。名受，又称受辛、商纣、帝辛等。对内重刑厚敛，对外黩武好战。纣时，骄奢淫逸达到极点。统治阶级的奢侈生活，激起民众的反叛，纣为对付叛乱，加强严刑峻法。纣的亲族比干强谏，他竟命人将比干剖腹，以观其心。统治后期，他又迁都朝歌（今河南淇县），大兴土木，修筑极为华丽的宫室苑囿。在位期间，屡征东夷，耗尽国力。公元前 1045 年，周武王联合西方小国起兵伐纣，牧野一战，商军倒戈，纣登鹿台自焚而亡，商朝灭亡。

西周

始于公元前 1046 年周武王伐纣灭商，终于前 771 年周幽王覆亡的中国统一王朝。这一时期，全国大小诸侯均向王朝负担一定义务，周朝维持着统一局面。由于周王居于西方的都城宗周，故称西周。武王、成王时期，在周公的辅佐下，

青铜利簋

周朝制定了比较完备的政治、经济制度，促使社会经济迅速发展。昭王、穆王时期，不断对外征伐，国力逐渐削弱。宣王时期，西周国力得到短暂的恢复。幽王时，他任用奸臣，沉溺酒色，不理国政。前771年，西方的犬戎攻破镐京（今陕西西安西南），西周灭亡。西周是中华古典文明的全盛时期，其物质文明和精神文明对后世历史的发展有着深刻的影响。

周武王

中国周朝第一代王。姓姬，名发，周文王之子。武王继承文王事业，用太公、周公、召公等为大臣。即位第二年，观兵于盟津（今河南孟津东北）。相传有八百诸侯不期而会，要求伐纣，但武王认为时机尚未

周原遗址发现的西周城墙遗存

周武王

成熟，还师归周。即位后四年（前1046）十二月，武王率军东征，渡盟津，与诸侯相会，作誓声讨纣的罪行。在甲子日清晨，周军与商军决战于牧野。牧野之战中，周军全胜，商朝灭亡。

分封制

中国周朝国家政权的组织形式。分封制是确立和划分中央与地方关系的一项根本性制度。武王克商以后，为了进一步巩固新生政权，在全国上下推行分封制。分封主要分为两类：一为褒封，主要封上古先圣王后裔；二为封功臣谋士，主要封周天子的子弟、同姓及戚属。诸侯受封以后，即成为相对独立的诸侯国的国君。诸侯国除按照规定向天子纳贡、朝觐、出兵助征伐外，一切内政都由诸侯自理。分封制大大加强了天子对诸侯的统属关系，使社会向着形成中央集权的专制国家迈进了一大步。

春秋

公元前770年周平王东迁洛邑到前476年周敬王卒的中国历史时期。因鲁史《春秋》基本记录了这一时期的历史而得名。周东迁后，实力大为削弱。中华大地处于分裂割据状态。一些较大的诸侯国为了争夺土地、人口及对其他诸侯国的支配权，不断进行兼并战争。在诸侯争霸的过程中，大国兼并小国，诸侯国数目逐渐减少，华夏族和其他各族频繁接触，

促进了民族融合。这一时期曾出现春秋五霸。铁器和牛耕在生产中的使用，标志着社会生

春秋时期晋国赵卿（赵简子）墓车马坑

产力的显著提高。一些贵族采取新的剥削方式，转变成封建地主，井田制在各国逐步瓦解。

春秋五霸

中国先秦时期五个势力强大的诸侯国。也作五伯。其具体所指有多种说法。《荀子·王霸》以齐桓公、晋文公、楚庄王、吴王阖闾、越王勾践为五伯。从春秋的历史状况看，此说较为恰当。

齐桓公用管仲的谋略，改革内政，发展生产，以"尊王攘夷"为号召，成为春秋时期

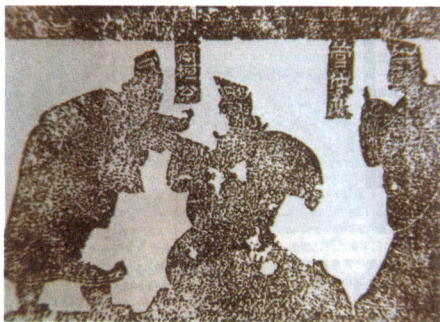
齐桓公与管仲画像石

第一位霸主。晋文公在城濮大战中大败楚军，成为中原的霸主。后来楚庄王又打败晋军，饮马黄河，称霸中原。春秋末年，江南的吴国和越国也加入争霸战争。吴王阖闾任用伍子胥和孙武为将，一举攻破楚国都城郢。越王勾践则灭掉吴国，成为最后一位霸主。

春秋时期的争霸和兼并战争给人民带来种种灾难，但在客观上也起到了促进民族融合的积极作用。

三家分晋

中国春秋末年，韩、赵、魏三家瓜分晋国。春秋晚期，晋国的卿大夫势力日益强大，

韩、魏、赵、范、知、中行六卿控制了晋国的政局。代表新兴势力的六卿同晋国旧贵族进行了激烈斗争，旧贵族日趋没落。六卿各自采取革新措施，以期发展实力。韩、赵、魏的改革尤为彻底。后来赵灭范氏、中行氏，又联合韩、魏消灭智氏。韩、赵、魏被周威烈王册封为诸侯。公元前376年，韩、赵、魏废除晋国的最后一位国君——晋静公，最终完成三家分晋的历程。三家分晋是以新旧势力斗争为表现形式的晋国社会变革的结果，是中国历史从春秋进入战国的重要标志之一。

战国

公元前475～前221年秦统一以前的中国历史时期。这一时期各国混战不休，故前人称之为战国。战国初年，大国有秦、楚、韩、赵、魏、齐、燕七国，即著名的战国七雄。七雄之外的小国逐个被七国吞

湖北江陵张家山战国墓出土的
楚国透雕蟠螭纹铜镜

并。各诸侯国都想通过改革富国强兵，相继开展变法运动，促进了社会经济的发展和社会结构的变化，中央集权体制也开始确立。秦经商鞅变法，国势增强。到前221年，秦先后灭掉周王室和六国，实现了统一。战国时期是中国思想、学术发展的黄金时期，涌现出一批杰出的思想家、政治家，出现了百家争鸣的繁荣局面。

战国七雄

中国战国时期国势强盛、互争雄长的七个诸侯国，即秦、齐、楚、赵、魏、韩、燕。春秋时，中华大地共有一百多个诸侯国，经过兼并，到战国初，剩下十几个诸侯国。但较强大的诸侯国只有西方的秦，中原以北的赵、魏、韩，东方的齐、燕，南方的楚。七雄的角逐最初表现为争霸，后来局势则转变为合纵与连横的交替。七雄中以秦为最强，次为齐，次为楚，次为魏，次为赵，次为韩，燕国最弱。七雄最后统一于秦。韩最先亡，次赵，次魏，次楚，次燕，齐最后亡。

百家争鸣

中国战国时期思想解放、自由争辩的学术局面。战国时期，中国古代思想文化领域出现了繁荣局面。面对春秋末期以来的社会变革，思想家们从自己的社会立场出发，探讨治国治民的道理，各抒己见，争论不休，形成了儒、墨、道、法、阴阳、农、名、兵等学术思想流派。人们把这些学术思想流派泛称为诸子百家。各家各派都著书立说，议论政治，既互相批判，又互相影响，出现了百家争鸣的局面。思想领域的空前活跃对历史发展起到推动作用。

战国嵌错赏功宴乐铜壶第三层的纹饰（摹品）

儒家

中国春秋末期孔子创立的学派。在先秦，儒学是诸子百家学说之一。秦时"以法为教"，汉初崇尚黄老，儒家一度消沉。西汉时，汉武帝采纳董仲舒的对策，罢黜百家，独尊儒术。此后，儒家文化逐渐成为中国传统文化的核心，深刻影响并主导了中国文化的发展。儒家宗师孔子，视其言行为最高准则；以《诗》《书》《礼》《乐》《易》《春秋》为经典；提倡仁义，以之为行为准则；维护君臣、父子、夫妇、兄弟等伦常关系。

儒家经历了先秦儒家（或原始儒家）、汉唐儒家、宋明新儒家和现代新儒家等不同发展阶段。在漫长的历史长河中，儒家对发展中华民族的文化，塑造中华民族的民族心理、思维方式和生活习惯，陶冶中华民族自强不息的奋斗精神，都产生了重大而深刻的影响。

孔子

（前 551 ～ 前 479）

中国古代思想家、教育家、政治家，儒家创始人。名丘，字仲尼。春秋末期鲁国人。孔子幼年丧父，由母亲抚养长大。

孔子

自幼受传统礼制的熏陶，青年时便以广博的礼乐知识闻名于鲁。面对当时礼崩乐坏的局面，孔子提倡"仁"和"礼"，认为统治者应该行德政，要用礼作为社会规范。他周游列国，广泛宣传自己的思想学说，但终不见用。晚年返回鲁国，致力于教育事业，整理《诗》《书》等典籍，删修《春秋》。相传孔子有弟子三千，著名者七十六人。孔子的思想学说主要汇集在其学生整理的《论语》一书中。他所创立的儒家文化是中国传统文化的主干，在漫长的历史长河中深刻地影响着中国社会的发展。

孟子

（约前 372 ～前 289）

中国战国中期哲学家、思想家、教育家。名轲。邹（今山东邹城东南）人。幼年丧父，受业于子思的门人。学成后，游说诸侯，到过梁（魏）、齐、宋、滕和鲁国，但其学说终未能得到实施的机会。晚年退居故乡，专心从事教育活动。孟子主张天人合一，把"诚"规定为天的本质属性，认为天是人性固有的道德观念的本原。他认为人性

孟子

本善，需要自我约束以保持本性。他强调仁政，把民心的向背看作政治成败的关键，导出"得民心则得天下，失民心则失天下"的论断。孟子被推崇为儒家道统的传道人，人们尊称其为"亚圣"。他的思想主张都汇集在《孟子》一书中。

道家

中国古代哲学主要流派之一。创始人为老子。南方道家有关尹、列子学派和早期黄老学派，北方道家有杨朱学派、稷下黄老之学，而对老子思想

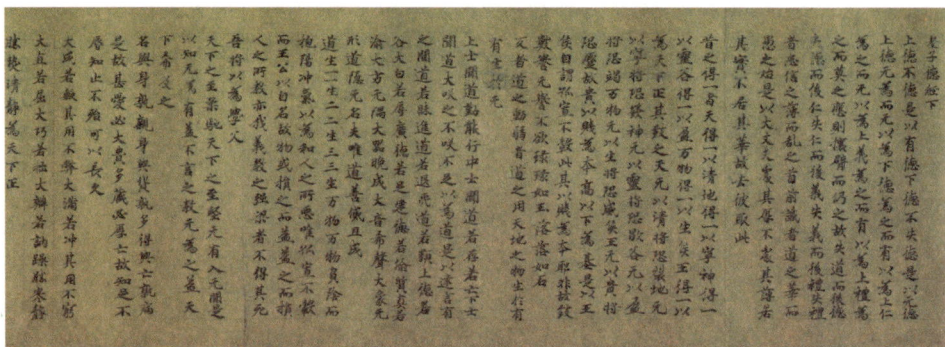

敦煌出土的《道德经》（局部）

做出全面发挥且影响深远的则是庄子。道家以"道"为世界的本原，在政治上主张无为而治。中国哲学的很多重要范畴均出自道家，如道、德、有、无、理、气、太极、无极等。在中国历史上，道家思想有时被一些非官方儒学的重要人物改造与继承，有时也被官方儒学所吸取，一度成为官方哲学或一个时代的主导思潮。道家哲学还深深地影响着中国的道教和佛教两大宗教思想的发展。道家思想渗透到中国传统文化的方方面面，对中华民族的民族性格和民族心理产生了深刻的影响。

老子

中国先秦时期哲学家、思想家，道家创始人。姓李，名耳，字聃。春秋晚期楚国人。

明代唐寅绘《老子图》

老子曾担任周朝守藏室的官员，孔子曾向他请教关于周礼的问题。老子认为"道"是万物的根本，在天地之前就存在；道又是以客观自然规律为依据的，就是所谓"道法自然"。他有朴素的辩证法思想，认为事物之间是互相联系的，并可以互相转化。他主张无为而治，回到"小国寡民"的状态。老子的主要思想汇集在《老子》（又称《道德经》）一书中。其思想影响广泛深远，中国哲学的很多重要范畴，如道、德、自然、有、无、虚静等，均始于老子。

墨家

中国战国时墨翟所创的学派。代表著作《墨子》。历史上有前后墨家之分。战国初墨翟与弟子组成的学派称前期墨家，战国中后期墨翟后学组成的学派称后期墨家。墨家是先秦最早起来反对儒家的一个学派，是一个以纪律严密著称的学术团体。它的首领称为钜子。墨家主张"兼爱"，要求人与人之间不论贫富贵贱都能互爱互利。墨家在先秦百家中独树

墨子

一帜，有重要哲学贡献和重大社会影响。战国到汉初，与儒家同为显学。汉武帝尊儒后，此学派衰微不传，清末以后渐受重视。

法家

中国战国时期主张以法治国的重要学派。思想先驱可追溯到春秋时的管仲、子产，实际创始者是战国前期的李悝、吴起、商鞅、慎到、申不害等。战国末期的韩非是法家思想的集大成者。韩非将前期法家人物分别主张的法、术、势理论糅合为一，从而形成了法、势、术相互依托、相互补充的君主

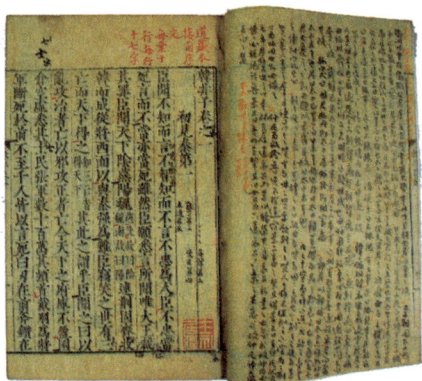
《韩非子》

统治之术。法家通过变法革新的政治实践活动，直接推动了中国宗法制国家向郡县制国家的转变。秦帝国灭亡后，法家作为一个学派不复存在，但思想被后来的儒家吸收，成为中国传统文化的一个重要组成部分。

秦

由崛起于华夏大地西部的嬴姓部族政权逐渐扩张形成的中国古代第一个统一王朝（前221～前207）。秦王嬴政在公元前221年建立秦朝，定皇帝称号，自称始皇帝。秦始皇在六国政治制度的基础上建立起专制主义中央集权的政治制度，采取了一系列旨在巩固统一的措施。秦收复被匈奴占领的河

秦"海内皆臣"方砖拓片

套地区，又南下征服越族，使疆域空前扩大。国土东至海滨及朝鲜；西至临洮（今甘肃岷县）、羌中；南至北向户（北回归线以南）；北据河为界，与阴山并行至辽东。但长期的战争和连年大兴土木消耗了大量的人力财力，加重了人民的负担。秦始皇死后，秦二世的统治更加残暴。陈胜、吴广在大泽乡揭竿而起，点燃了农民战争的熊熊烈火，强大的秦朝在建立14年后便被推翻了。

秦始皇陵兵马俑坑

秦始皇

（前259～前210）

中国秦朝开国皇帝。即嬴政。公元前246年被立为秦国国君，继续奉行自商鞅变法以

秦始皇

来的法家政策，在李斯等人协助下，于前221年统一六国，结束分裂割据局面。随后，他颁布了一系列法令来巩固统一：建立皇帝制度；建立从中央到地方的一整套统治制度，包括实行郡县制等；修建长城，巩固边防；统一度量衡、货币和文字；推行严刑峻法，焚书坑儒。他多次巡游全国，又修建阿房宫、骊山陵等，还派方士率数千人至东海求访长生不老之药。这些耗费了巨大的财力和人力，加深了人民的苦难。前210年，秦始皇在出巡的路上病死。在位共37年。

郡县制

中国古代以郡统县的两级

地方行政制度。发源于春秋，商鞅变法时便在秦国首先确立，秦统一后推行到全国。郡之长官在秦时称为守，汉景帝时改名太守，掌管一郡的民政和军事。县之长官为令、长，掌管一县的治安、刑讼及赋敛徭役等事务。郡、县长官都由中央任免。郡守于每年秋冬向中央上计，根据政绩决定奖惩。县以下的乡村则被编组为乡、亭、里等基层组织。

秦汉的郡县制加强了中央集权，为后来两千年的地方行政体制奠定了坚固的基础。

陈胜、吴广起义

中国秦末农民起义。中国历史上第一次全国性的农民战争。秦二世元年（前209），朝廷征发闾左屯戍渔阳，陈胜、吴广为屯长。他们行至大泽乡（今安徽宿州东南），为大雨所阻，不能按期到达。按照秦法，过期要杀头。陈胜、吴广便发动戍卒起义。起义军迅

陈胜、吴广起义

速攻下蕲县（今安徽宿州南）、陈县（今河南周口淮阳）。陈胜自立为王，国号张楚。张楚政权的建立，促进了全国范围内反秦斗争的高涨，各地纷纷起兵反秦。随着反秦斗争的开展，陈胜滋长了骄傲情绪，听信谗言，诛杀故人。派出的将领也不听陈胜节制，甚至为争权夺利而互相残杀。吴广、陈胜相继牺牲，农民起义遭受挫折，但各地起义军仍继续进行斗争。以项羽、刘邦等人为首领的起义军，经多次重大战役，消灭了秦军的主力。公元前206年，刘邦的军队进抵灞上，秦王子婴奉皇帝符玺投降，秦朝灭亡。

楚汉战争

秦朝被推翻后，以项羽和刘邦为首的两支反秦武装为争夺统治权力而进行的战争。历时四年多。秦二世三年（前207），刘邦、项羽相继率兵入关，推翻秦朝。项羽自恃功高，违背原来"先入定关中者王之"的约定，自封为西楚霸王，又分封十八路诸侯。刘邦被封为汉王，局促于巴、蜀、汉中一隅。不久，田荣、陈余、彭越等相继举兵反楚。项羽调遣主力击齐，以稳定局势。刘邦乘项羽无暇西顾，迅速还定三秦，挥师东进，楚汉战争正式爆发。虽然汉军遭遇多次重创，但刘邦善于用人，策略得当，最终迫使项羽自刎

鸿门宴砖雕拓片

于乌江。楚汉战争最后以刘邦夺取天下，建立汉朝而告终。

项羽

（前 233 ~ 前 202）

中国秦末重要的反秦将领之一。名籍，字羽。下相（今江苏宿迁西南）人。祖父项燕

项羽

为战国末年楚国将领。秦二世元年（前 209），随叔父项梁在吴（今江苏苏州）起兵反秦。秦将章邯围赵，楚怀王任项羽为次将，率楚军主力救赵，渡漳河后破釜沉舟，大破秦军。随后又迫使秦将章邯全军投降。秦亡后，项羽自立为西楚霸王，分封十八路诸侯，造成割据局面；加之烧杀掳掠，丧失人心。刘邦乘机起兵，与项羽争夺政权。汉王五年（前 202），项羽被围困于垓下，汉军四面唱起楚歌，楚军丧失斗志，项羽率少数骑兵突围至乌江（今安徽和县东北），自刎而死。

西汉

中国汉高祖刘邦建立的以长安（今陕西西安）为统治中心的统一王朝（前 202 ~ 公元 8）。

西汉建立后，在诸多制度上承袭了秦制，又实行轻徭薄赋的政策，社会经济稳步发展，农业、手工业及商业均取得明显进步。在文景之治的基础上，汉武帝又进一步采取措施加强中央集权统治，如行推恩令、中朝制、盐铁专卖及独尊儒术等。在征讨匈奴的同时，西汉政府还派张骞出使西域，扩大了对外交往，丝绸之路随

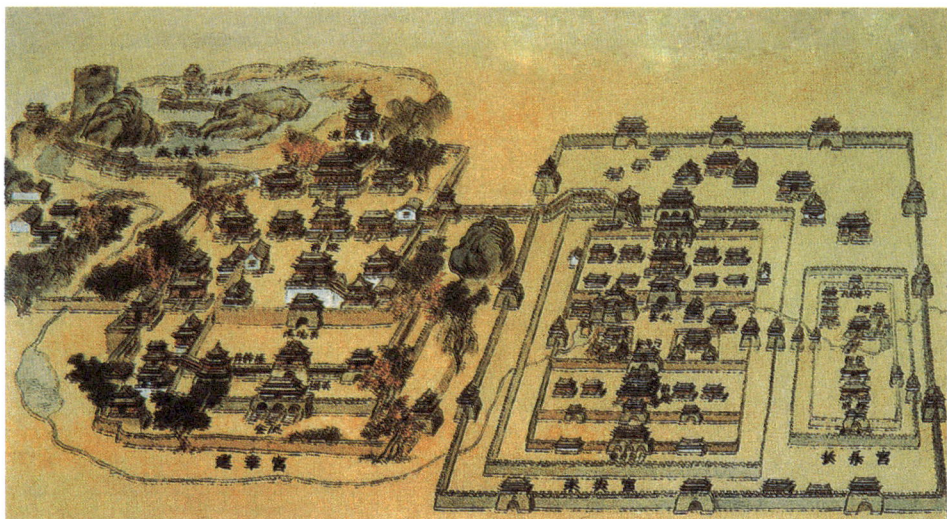
西汉长安城

之产生。而以昭君出塞为代表
的和亲，也使汉中央与周边民
族的关系得到发展。西汉后期，
社会矛盾不断激化，最终导致
王莽改制和赤眉、绿林起义。
西汉在文学、艺术和科学技术
等领域的成就辉煌灿烂，影响
深远。

汉高祖刘邦

（前 256 或前 247 ~ 前 195）

中国西汉王朝的开国皇
帝。字季。秦代泗水郡沛县（今
属江苏）人。早年当过亭长，

后响应陈胜、吴广起义，称沛公。
在项羽之前入关，攻克咸阳，
并与百姓约法三章。项羽欲在

汉高祖刘邦

鸿门宴上杀刘邦，刘邦在张良
的安排下逃脱，后被封为汉王。
他采纳萧何、张良等人的建议，
以汉中为基地，养民招贤，安
定巴蜀，然后收复三秦。经四

年多楚汉战争，最后打败项羽，于公元前202年称帝，建立汉朝。刘邦称帝后，先后除掉韩信、彭越、英布等异姓王，大封同姓王，并采取措施恢复和发展社会经济，为西汉王朝的强盛奠定了基础。在位7年。

文景之治

中国西汉文帝、景帝两代39年间，政治稳定，经济生产得到显著发展。汉文帝刘恒，公元前179～前157年在位；汉景帝刘启，前156～前141年在位。汉文帝十分重视农业生产，多次下诏劝课农桑，将田租减为三十税一；减轻算赋和徭役；废除过关用传制度，为商业发展提供便利。汉文帝对刑罚制度进行改革，废除收孥相坐律令，又废除黥、劓、刖三种肉刑，改以笞刑代替；汉景帝时，进一步减轻了笞刑。对边地少数民族，尽量避免战争，努力

维护和平相安的关系。汉文帝废止诽谤妖言之罪，使臣下能大胆地提出不同的意见。他也相当节俭，在位23年，宫室苑囿、车骑服御之物都没有增添。文景两代采取上述一系列措施，使社会经济获得显著发展，统治秩序也日臻巩固。

汉武帝刘彻

（前156～前87）

中国西汉皇帝。16岁即皇帝位，在位54年。他采取各种

汉武帝刘彻

措施巩固中央政权：采纳董仲舒"独尊儒术"的建议，加强思想统治；颁行推恩令，设置

十三部刺史，加强对地方的控制；打击富商大贾，设置平准官、均输官，由官府经营冶铁、煮盐、铸钱；兴修水利，实行代田法；派使节加强与西域、西南地区的联系；多次出兵攻

卫青率军出击匈奴的高阙塞遗址

打匈奴，迫使其远徙漠北。但他举行封禅，祀神求仙，挥霍无度，加以徭役繁重，致使农民大量破产流亡，甚至起义反抗。晚年颁布轮台诏，深陈既往之悔，决意把行政重心转移到和平生产方面来。葬茂陵。

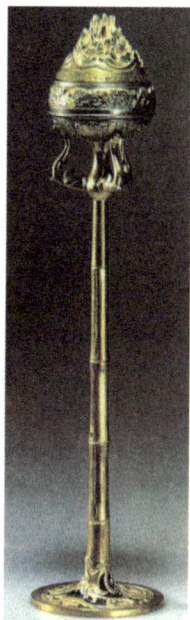

茂陵出土的
竹节薰炉

茂陵

西域

古代地区名。出现在公元前2世纪西汉张骞出使西域以后，意为西部地域。有狭义和广义之分。狭义的西域最早主要指玉门关（今甘肃敦煌西北）、阳关（今甘肃敦煌西南）以西，葱岭（今帕米尔高原）以东，南山（今昆仑山脉）以北，北山（今天山山脉）以南地区，大致相当于今新疆南部；后逐渐扩展到今天山以北，即包括巴尔喀什湖以南地区；一度扩展至今帕米尔高原以西的大宛故地中亚费尔干纳盆地一带。狭义的西域往往是中原王朝政治势力直接控制的地区，西汉至十六国曾先后设置西域都护、长史、校尉府于此。广义的西域常指玉门关、阳关以西的今中国新疆及帕米尔高原以西的中亚、西亚、南亚广大地区。

丝绸之路

中国古代经中亚通往南亚、西亚及欧洲、北非的陆上贸易通道。因大量中国丝和丝织品多经此路西运，故称丝绸之路，简称丝路。"丝绸之路"这一名称是由德国地理学家李

新疆克孜尔尕哈烽燧

《张骞出使西域》（甘肃敦煌莫高窟第 323 窟）

希霍芬在 1877 年出版的《中国》一书中首先提出的。

一般认为，丝绸之路东以中国长安（今陕西西安）为起点，向西通过河西走廊到敦煌，由敦煌西行有南北两路：南路是从敦煌西南出阳关，经楼兰（今新疆若羌一带）、于阗（今新疆和田境内）等地，西行翻越葱岭到大月氏，再往西行可到达条支的西海（今波斯湾）和罗马帝国；北路是从敦煌西北出玉门关，经高昌（今新疆吐鲁番）、龟兹（今新疆库车一带）、疏勒（今新疆喀什一带）等地，西行到罗马帝国。还有一条支线，是从敦煌经哈密、渡伊犁河西行到东罗马帝国。

随着时代变迁，政治、宗教形势的演变，各条路线在不同时期的重要性不同，而且不断有新的道路开辟。后来，一些学者更扩大了丝绸之路的概念，如将经中国南方海上西行的道路称为海上丝绸之路等。这些提法虽然对研究东西交通有意义，但已非原来意义上的

玉门关遗迹

丝绸之路了。丝绸之路不仅是东西商业贸易之路，而且是中国与亚欧各国间政治往来、文化交流的通道。至今，丝绸之路仍是东西交往的友好象征。

新莽"始建国元年"铜方斗

王莽
（前45～公元23）

中国西汉新朝皇帝。字巨君。魏郡元城（今河北大名东）人。汉元帝的皇后王政君之侄。早年折节恭俭，勤奋博学，以德行著称。平帝继位时，王莽任大司马，总揽朝政，广结党羽。平帝死后，他拥立2岁的孺子婴，自己以摄政名义居天子之位，称"假皇帝"。初始元年（公元8），王莽自立为帝，改国号为新。为缓和社会矛盾，王莽附会《周礼》等儒家经典，托古改制：全国民间的土地改称王田，奴婢改称私属，都禁止买卖；实行五均六筦；多次改变币制；恢复五等爵，经常改变官制。王莽的改制反而使各种矛盾进一步激化，导致了赤眉、绿林起义，王莽被杀，新朝灭亡。

东汉

中国汉光武帝刘秀建立的以洛阳（今河南洛阳）为统治中心的统一王朝（公元25～220）。史称后汉。东汉继续加强中央集权，但中期以后，外戚和宦官轮流专权，豪强地主称雄。士人和太学生以清议抗争宦官和弊政，朝廷则以党锢方式压制迫害，朝政日益昏暗。东汉时期，社会经济继续发展，大地主庄园式生产在农业中占有突出的地位。全

国的经济重心开始东移，江南得到开发。手工业获得长足的发展。东汉虽谶纬之学盛行，

东汉纺织画像石拓片

但也产生了王充、班固、张衡、张仲景等杰出人物。东汉王朝进一步保持与包括西域在内的周边地区和民族的密切交流。佛教开始传入中国。东汉末年，中央政权无力控制动乱局面，历史进入三国时期。

张衡制造的地动仪的复原模型

汉光武帝刘秀

（前6～公元57）

中国东汉王朝的开国皇帝。谥光武帝。公元25～57年在位。字文叔。南阳蔡阳（今

汉光武帝刘秀

湖北枣阳西南）人。汉高祖刘邦九世孙。新莽末年，赤眉、绿林起义爆发。刘秀与其兄起兵，后与绿林军联合，共立刘玄为汉帝。更始元年（公元23），王莽军围绿林军于昆阳（今河南叶县），刘秀突围调集援兵，重创王莽军。之后，刘秀逐渐与农民军分庭抗礼。建武元年（公元25），刘秀正式称帝，重建汉政权，史称东汉。东汉王朝建立后，经过12年的努力，刘秀终于削平群雄，完

成统一事业。汉光武帝即位后，首先致力于整顿吏治，限制功臣、诸侯王和外戚的权势，加强专制主义中央集权；还采取了不少措施来安定民生，恢复凋敝的社会经济。在他统治时期，社会经济得到恢复和发展，出现了"光武中兴"的局面。

黄巾起义

中国东汉末年张角领导的一次有组织、有准备的全国性农民起义。因起义军以头戴黄巾为标志，史称黄巾起义。东汉末年，冀州巨鹿（今河北平乡西南）人张角、张梁、张宝兄弟三人创建太平道，以传道和治病为名进行秘密活动。十余年间，徒众达十几万。中平元年（184），张角以"苍天已死，黄天当立，岁在甲子，天下大吉"为口号发动起义。起义军最初连续取得胜利，

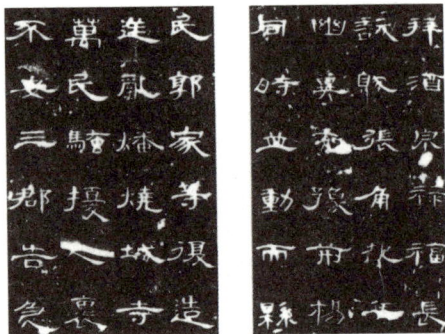

记有黄巾起义史实的东汉《曹全碑》

由于力量分散，起义军最后被各个击破，起义失败。黄巾起义及在它影响下的各族人民起义，持续了二十多年。在农民起义的沉重打击下，腐朽的东汉王朝名存实亡。

三国

中国继东汉而出现的魏、蜀、吴三个国家鼎立的时代称号。始于220年魏国代汉，终于265年晋国代魏。220年，曹丕代汉称帝，国号魏，定都洛阳；次年刘备在成都称帝，国号汉，世称蜀，又称蜀汉；229年，孙权在武昌称帝，后迁都建业（今南京），建立吴

国。三国疆域，大体魏得北方，蜀得西南地区，吴得东南地区。鼎足之势维持了四十余年之久。

湖北襄樊古隆中

曹魏疆域最广，实力最强；蜀汉最弱，但在诸葛亮治理下也有发展，且多次出兵北伐；吴国则依靠有利地形与魏蜀两国周旋，为开发南方做出了贡献，但后来的统治者不思进取，政治腐败。263年，魏灭蜀。两年后，司马炎以接受禅让为名，代魏为晋。280年，晋灭吴，统一全国。

魏武帝曹操

（155～220）

汉魏间政治家、军事家、诗人。字孟德。沛国谯县（今

安徽亳州）人。20岁以孝廉举为郎，始入仕途。后曾参与镇压黄巾起义。董卓之乱时，曹

魏武帝曹操

操起兵讨伐，逐步扩充军力。建安元年（196），曹操出兵迎汉献帝至许县（今河南许昌东），挟天子以令诸侯。他先后削平吕布等割据势力，在官渡之战中大破袁绍后，逐渐统一了中国北方。十三年，曹操进位为丞相后率军南下，被孙

曹操墓中出土的陶鼎

权和刘备的联军击败于赤壁，从此转向巩固北方的统治。十八年封魏公，建魏国，都于邺。三年后进封魏王。子曹丕代汉称帝后，追尊他为魏武帝。

曹操在北方屯田，兴修水利，这对农业生产的恢复有一定作用；他唯才是举，抑制豪强，加强了中央集权。曹操在文学、书法、音乐等方面都有深湛的修养。他的文学成就主要表现在诗歌上，散文也很有特点。曹操的诗歌在艺术风格上朴实无华，不尚藻饰，以感情深挚、气韵沉雄取胜；在诗歌情调上则以慷慨悲凉为特色。他开创了以乐府写时事的传统，影响深远。曹操的散文多是应用性文字，这些文字平易自如，质实明练，在当时独树一帜。

吴大帝孙权

（182～252）

中国三国时期吴国开国君主、政治家。字仲谋。吴郡富春（今浙江富阳）人。年少时跟随其兄孙策征讨江东，开

吴大帝孙权

创了东吴的基业。孙策死后，孙权在周瑜、鲁肃、张昭等辅佐下继续统治江东地区。建安十三年（208），联合刘备大破曹军于赤壁。其后，依靠长江天险，多次击退北方曹魏进攻。魏黄初二年（221），接受魏封号，称吴王于武昌（今湖北鄂州）。黄龙元年（229），孙权在武昌称帝，不久迁都建业（今江苏南京）。先后统治江东五十多年。通过消灭各支割据势力，平定、降服山越，所辖由江东扩展到今福建、广东、广西、湖南的广大地区，

并使这些地区的社会经济得到恢复与发展。

汉昭烈帝刘备

（161 ~ 223）

中国三国时期汉国（习称蜀国）开国君主。字玄德。涿郡涿县（今河北涿州）人。汉

汉昭烈帝刘备

朝皇室的远房支系。早年丧父，与母亲一起以织席贩履为业，好结交豪侠。黄巾起义爆发后，他聚徒众征伐黄巾军有功，被任命为安喜县尉。因与郡督邮冲突，弃官亡命。投靠中郎将公孙瓒，屡有战功，领平原国相。后被曹操举荐为豫州牧，进位左将军。因参与谋害曹操的事情败露，逃至徐州。建安五年（200）为曹操击破后，先后投奔袁绍、刘表。十三年，他联合孙权在赤壁打败曹操。随即占据荆州，后又占益州、汉中等地。之后关羽被杀，荆州为孙权夺去。蜀国规模自此基本确定。221年称帝，国号汉，定都成都。同年为报仇兴师伐吴，次年在夷陵为吴军所败，逃归白帝城。第二年病卒，谥昭烈帝。刘备知人善任，自得诸葛亮，信任专一，措施得宜，故能在地狭民少的蜀土开创与魏、吴鼎立的局面。

西晋

公元3世纪60年代建立的以汉族为主体的王朝（265 ~ 316）。魏咸熙二年（265），晋王司马炎夺取政权，建立晋朝，定都洛阳，史称西晋。历四帝。

晋室重用宗王，以之镇守各地重镇。门阀制度盛行，门阀士族在政治、经济上享有极大的特权，他们操纵九品中正制，把持官吏选拔之权；广占田地，可免除赋役。惠帝时爆发长达16年的八王之乱。北方许多少数民族南下，西晋王朝无力抵御。建兴四年（316）为匈奴所灭。

西晋"亲晋胡王"铜印印文

西晋在经济上实行的占田、课田制，促进了农业生产的发展。

晋武帝司马炎

（236～290）

中国西晋开国皇帝。字安世。河内温县（今河南温县西）人。在位25年。曹魏末年，祖司马懿、伯司马师、父司马昭相继控制朝政。

晋武帝司马炎

魏咸熙二年（265），司马炎为魏相国、晋王，同年代魏称帝，建立晋朝。即位之初，大封同姓诸王，又委任宗王统领重兵出镇战略要地；采取一系列措施发展生产。太康元年（280）灭吴，统一全国。继而颁行户调式。社会一度出现繁荣景象。但随着天下安定，司马炎逐渐"息于政术，耽于游宴"，导致统治阶层中奢侈荒淫之风蔓延。

十六国

从西晋末年始，至北魏统一北方止，在中国北方及巴蜀地区出现的各族割据政权的总称。从304年至439年的一百余年间，先后有22个割据政权更迭。北魏史学家崔鸿将其中的前赵、成汉、前凉、后赵、前燕、前秦、后燕、后秦、西秦、后凉、南凉、南燕、西凉、北凉、夏、北燕16个割据政权载入《十六国春秋》，是为"十六国"名称的由来。

北燕"大司马章"鎏金铜印

这一时期，各族割据政权不断交替，立国久者几十年，短者仅两年。有些统治者还试图统一中原，结束混乱。石勒的后赵、苻坚的前秦都曾做过这样的努力，但都失败了。长期的动乱给各族人民带来巨大灾祸，北部的社会经济遭到严重破坏，但被破坏的经济在不同时期有所恢复，西南、西北、东北几个地区在不同程度上还有所发展。为了获得人才，统治者重视教育，设置学校。被破坏的传统文化得以保存下来，而且在一定程度上吸收了西部和北部各族文化，甚至还吸收了外来文化。佛教也在这个动乱的时代获得巨大的发展。

陕西西安少陵原十六国大墓出土的鼓吹仪仗陶俑，墓葬从布局到随葬器物既有显著的中原传统汉文化特点，又具有少数民族文化特点

东晋

中国西晋之后司马睿（即晋元帝）在建康（今江苏南京）

建立的政权。公元 3 世纪初，少数民族起兵中国北方，迫使北方汉人大量南迁。建武元年（317），司马睿在北来侨姓士族和江南士族的支持下，在建康重建晋政权，史称东晋。皇权低落、主弱臣强，几大门阀争权夺势，构成东晋政治的主调。

东晋的数次北伐并无实质性进展，但在淝水之战中，东晋的北府兵击溃了前秦苻坚八十余万南侵大军，江左由此获安。随后发生了孙恩、卢循起义和桓玄之乱，其间北府兵将领刘裕逐渐取得权势，在 420 年代晋建宋。东晋的地域虽然狭小，但在经济、文化领域却卓有成就。佛教、玄学、道教都有所发展，文学、绘画、书法等领域也多有建树。

南朝

5 世纪初至 6 世纪末南北朝时期，在中国南方与北朝对峙而立的宋、齐、梁、陈四个王朝。宋由刘裕建立，传八帝；

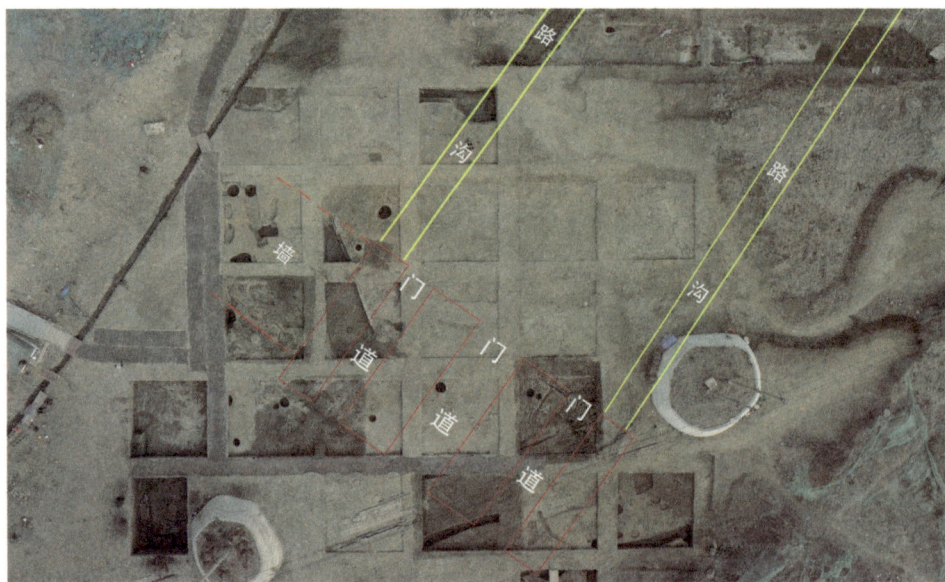

考古发现的南朝梁代建康城的御道和南大门

齐由萧道成建立，传七帝；梁由萧衍建立，传四帝；陈由陈霸先建立，传五帝。南朝四朝都建都建康（今江苏南京），疆域以刘宋时最广，陈时最小。它们存在的时间都相对较短，其中最长的不过 59 年，最短的仅有 23 年。589 年，隋灭陈，南朝结束。南朝时皇权比东晋时强大；门阀保持了崇高门第，但实际权势开始丧失。南朝是中国经济重心南移的关键时期，经济、文化有不小的发展。

北齐娄睿墓壁画（局部），墓主娄睿为鲜卑人，图中表现的是着鲜卑装的骑马人物形象

北朝

中国 5 ~ 6 世纪与南朝相峙并存的北方政权。一般从魏太武帝拓跋焘统一北方（439）算起，至杨坚建立隋朝（581）为止，包括北魏、东魏、西魏、北齐、北周五个王朝，历时 142 年。

北朝的统治者出自塞北的鲜卑族或与鲜卑族有着密切的关系。军功贵族和国人武装构成北朝的政权支柱。魏孝文帝时，北魏着手改革官制、完善法制；实行均田制、三长制；迁都洛阳，以汉式礼俗改革鲜卑旧俗。北魏由此进入盛期。周武帝在位期间，北周改进和发展府兵制度，充实军事力量，于 577 年灭北齐。581 年，北周大臣杨坚建立隋朝，北朝结束。

北朝时期虽然经济发展几乎停滞，却是中华民族发展过程中的一个重要环节。北朝的石窟艺术和民间文学是中国文化的重要遗产。

魏孝文帝改革

魏孝文帝元宏，原名拓跋宏，在位29年。皇兴五年（471），献文帝拓跋弘传位给5岁的太子拓跋宏，但仍过问朝政。承明元年（476）拓跋宏祖母冯太后毒死献文帝，临朝称制，主持朝政，并开始推行改革。冯太后整顿吏治，实行均田制、三长制和新的租调制。

冯太后死后，孝文帝进一步推行汉化改革：迁都洛阳；制定北魏官吏及妇女冠服规制；以汉语为官方语言；改变鲜卑姓氏；制定官制朝仪；鼓励鲜卑人与汉人通婚；选拔人才时专重人望，重用汉人士族。这些改革大大推进了北方各民族的融合和北魏社会的进步。

隋

中国历史上继南北朝之后的统一王朝（581～618）。创建者杨坚袭封隋国公，故称隋。

建都大兴城（今陕西西安）。历三帝，共38年。杨坚于581年建立隋朝，589年统一全国。隋朝疆域，东、南皆至海，西至且末，北至五原。政治上，隋朝基本确立三省六

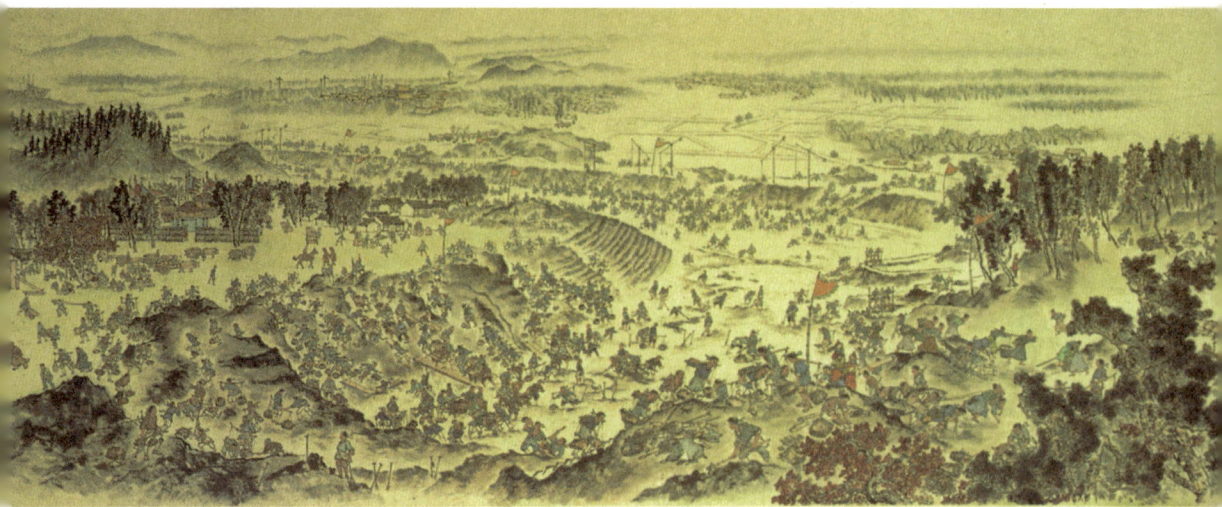

隋代开凿沟通南北的大运河

部制，创建科举制度。军事上，继续推行和改革府兵制度。经济上，重新颁布均田令；政府通过大索貌阅清查全国户口，同时颁行输籍之法，减轻和规范赋税征收。隋炀帝杨广凿通以洛阳为中心，北达涿郡（治今北京西南）、南达余杭（今杭州）的大运河。隋炀帝凭借雄厚的国力，大兴土木，对外用兵，导致民不聊生，引发大规模的农民起义。

大业十四年（618），隋炀帝在江都的兵变中被杀。李渊建唐称帝，隋亡。

隋文帝杨坚

（541～604）

中国隋朝开国皇帝。弘农华阴（今陕西华阴东）人。北周武帝时，进位大将军，袭爵隋国公。大象二年（580），周宣帝死，杨坚辅政，总揽军政大权。

大定元年（581），杨坚代周称帝，国号隋，改元开皇。

隋文帝杨坚

政治上，他基本确立三省六部制；改州郡县为州县两级体制；制定《开皇律》，简化法律手续。经济上，他颁布关于均田和租调的新令，减轻农民的负担；实行输籍之法；创置义仓制度。军事上，改革府兵制，取消兵民异籍制度。开皇八年（588），隋文帝下诏伐陈。九年，陈朝灭亡，结束了南北分裂的局面。隋文帝统治的后期，国家富足强盛，编户大增，仓储的丰实为历史所仅见。

隋炀帝杨广

（569～618）

中国隋朝皇帝。隋文帝杨坚次子。一名英。开皇八年（588）为行军元帅，统兵灭陈。仁寿

隋炀帝杨广

四年（604）文帝死。隋炀帝即位后，确立三省体制，发展科举制。他仗恃国力富强，几乎每年征发重役：营建东都洛阳，在榆林（今内蒙古托克托西南）以东修长城，开凿通济渠、永济渠和江南河各段运河。他亲征吐谷浑，还三次出兵高丽，引发隋末农民战争。大业十四年（618），隋炀帝在江都的兵变中被部众缢杀。

隋炀帝文学造诣很高，其诗歌中艺术性最强、成就最高的数《春江花月夜》其一。此诗境界开阔、极富动感，体现了隋代南北诗风交融的实绩，同时也预示了初盛唐诗歌发展的一种方向。

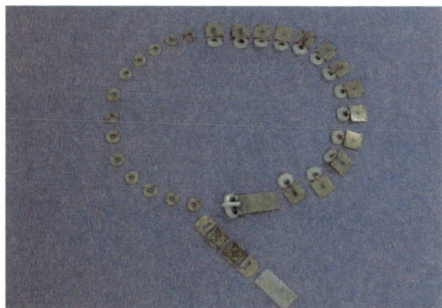
隋炀帝墓1号墓出土的蹀躞金玉带

三省六部

中国隋唐至宋的中央最高政府机构。三省指中书省、门下省、尚书省，六部指尚书省下属的吏部、户部、礼部、兵部、刑部、工部。

三省六部是西汉以后长期发展形成的制度。其中尚书省形成于东汉（时称尚书台），中书省和门下省形成于

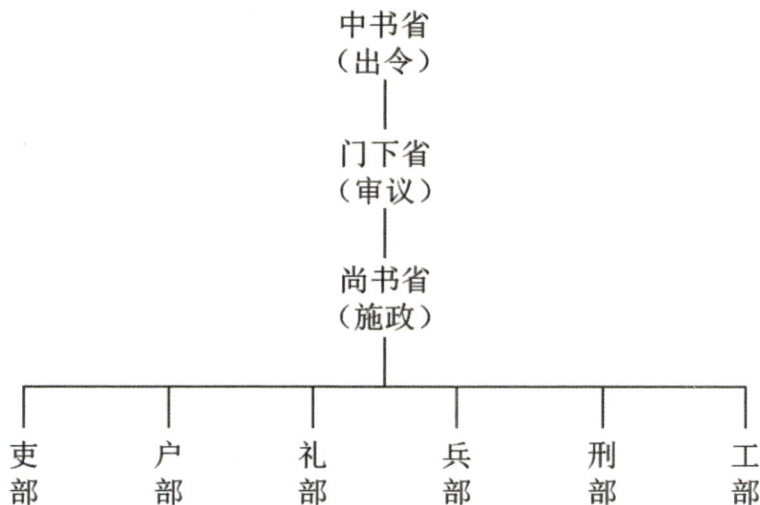

三省六部制示意图

三国时。至隋，三省六部制基本确立。三省六部主要掌管中央政令和政策的制定、审核与贯彻执行。"中书取旨，门下封驳，尚书奉而行之"，是三省的分工原则。唐中叶后，三省六部制名存实亡。宋承唐制，但三省六部的主要职权都已转移至其他机构，三省六部制仍是名存实亡。元丰改制，以三省为最高行政机构，与枢密院对掌文武大权。北宋元祐元年（1086），改为三省共同议事，实际上使三省合一，后习惯上常统称三省。南宋建炎三年（1129），又实行三省合一。辽代南面官系统中，设三省六部。金、元、明只设一省六部。明洪武十三年（1380）罢中书省，分中书省之权归于六部。自此，六部取代三省六部。

唐

中国历史上继隋朝之后的统一王朝（618～907）。创建者李渊袭封唐国公，故称唐。都城长安（今陕西西安），又以洛阳为东都。历21帝，共290年。唐朝疆域，东至安东都护府，西至安西都护府，北起单于都护府，南止日南。唐太宗李世民在位时励精图治，史称贞观之治。武则天掌握政权后，一度废唐称周。唐玄宗李隆基开元年间国势昌盛，史称开元之治，唐朝达到极盛。安史之乱后，一方面藩镇割据，另一方面又出现宦官专权和朋党之争。黄巢起义爆发后，唐朝很快灭亡。

唐朝继续完善三省六部制、科举制；前期仍实行均田制、租庸调制，后代之以两税法。唐朝社会经济发展水平居世界前列；文化辉煌灿烂，文学艺术、宗教、史学、科学技术等领域成果斐然，造就出李白、杜甫、玄奘、刘知幾、一行及孙思邈等杰出人物。社会风气开放，民间生活多姿多彩，使唐朝呈现出繁盛的文明气象。

唐高祖李渊

（566～635）

中国唐朝开国皇帝。字叔德。七岁时袭封唐国公。隋炀帝后期出任太原留守。隋大业十三年（617）在晋阳（今山西太原西南）起兵，进取关中。李渊入长安后，立炀帝孙代王侑为帝。次年，李渊称帝，改国号为唐，建元武德。李渊依据隋朝旧制，

唐高祖李渊

重新建立中央及地方行政制度。统一全国后，他又颁布新律令，为唐朝的职官、刑法、军事、土地及课役等制度奠定

了基础。武德九年（626），秦王李世民发动玄武门之变，杀太子李建成和齐王李元吉，逼李渊立己为太子。不久，李渊退位为太上皇，李世民即位。葬于献陵。

唐太宗李世民

（598～649）

中国唐朝皇帝。唐高祖李渊次子。在起兵反隋及统一全国的战争中，建功甚多。李渊

唐太宗李世民

即位后封其为秦王。武德九年（626）六月初四，李世民发动玄武门之变，杀死长兄李建成、

弟弟李元吉，逼李渊立己为太子。不久，李渊退位为太上皇，李世民即位。627年改元贞观。

唐太宗即位后，任用贤良，兼听纳谏，实行轻徭薄赋、疏缓刑罚的政策，并且进行了一系列政治、军事改革。他的政策和措施促成了社会安定、生

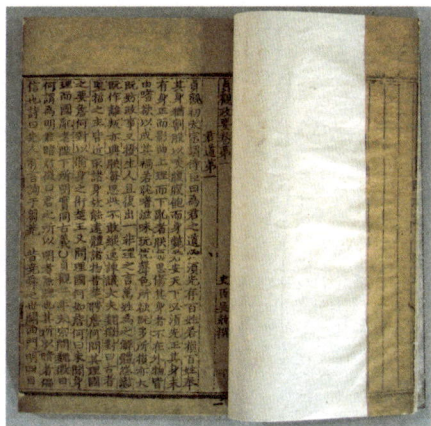

《贞观政要》明洪武刻本

产发展的升平景象，史称贞观之治。唐太宗在位期间，先后平定东突厥、吐谷浑、高昌。唐太宗对东突厥降众及依附于突厥的各族实行比较开明的政策，被尊为"天可汗"；遣文成公主和亲吐蕃，开汉藏两族间的友好交往的先河。贞观后

刻花金碗（唐）

三彩骑驼乐舞俑

章怀太子墓壁画《客使图》

大雁塔

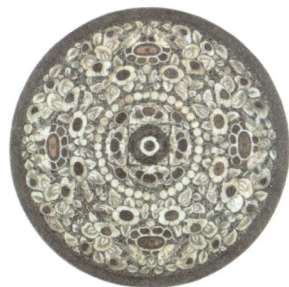

螺钿菱花镜（唐）

永泰公主墓壁画

唐代韩幹绘《牧马图》

期，唐太宗逐渐走向奢靡。葬于昭陵。

武则天

（624 ~ 705）

中国历史上唯一的女皇帝。并州文水（今山西文水东）人。14 岁入宫为唐太宗的才人。太宗死后入感业寺为尼。后成为唐高宗的皇后。

武则天

武则天素多智计，兼涉文史。乘高宗体弱多病之机，独掌大权。中宗李显即位，武则天临朝称制。天授元年（690），武则天称皇帝，改国号为周。称帝后自名曌。她重视农业生

产，注意地方吏治，对逃亡的农民采取比较宽容的政策：这些都保证了农业的发展和社会

唐代张萱（传）《唐后行从图》

的安定。在今青海、宁夏、新疆境内设置屯田，收复安西四镇，设立北庭都护府。发展科举取士，创设武举，大开制科，推动了文化的发展。广开入仕之门，同时进行严格的考核，

为开元之治准备了一大批人才。但她为了打击反对自己的势力，任威刑以禁异议，实行酷吏政治，滥杀无辜。

神龙元年（705），张柬之等人发动政变，武则天退位。中宗复位，武则天被尊为则天大圣皇帝，后人因此称她为"武则天"。葬于乾陵。

唐玄宗李隆基

（685～762）

中国唐朝皇帝。唐睿宗李旦第三子。善骑射，通音律、历象之学，擅长八分书，多才

唐玄宗李隆基

多艺。唐隆元年（710），唐中宗去世，李隆基与其姑母太平公主发动政变，平定韦后之乱。睿宗李旦即位后，李隆基被立为太子。延和元年（712），李隆基即位，是为玄宗。次年唐玄宗平定太平公主之乱，改元开元。

玄宗早年英明果断，任用姚崇等贤良为相；提倡节俭；选京官有才识者为地方都督、刺史；在行政、财政、军事诸方面进行改革。这一时期的政局稳定，经济繁荣，文化昌盛，国力富强，史称开元之治。从开元末年起，玄宗沉溺声色，怠问政事，重用奸臣；热衷于开边，对吐蕃、南诏、契丹不断发动战争；对人民加紧搜刮；大量扩充边军。

天宝十四载（755），安史之乱爆发。次年，叛军攻入长安，玄宗逃往成都，肃宗在灵武即位。葬于泰陵。

安史之乱

唐玄宗末年节度使安禄山和史思明发动的叛乱（755～762）。安禄山是平卢（今辽宁朝阳）、范阳（今北京）、河东（今山西太原西南）三镇节度使，兵力雄厚。他洞悉朝廷腐朽、实力空虚的内情，又因与宰相杨国忠争权，遂于天宝十四载（755）以讨杨国忠为名，自范阳起兵，先后攻占洛阳、长安。至德二载（757）安禄山被其子安庆绪所杀，乾元二年（759）史思明杀安庆绪，上元二年（761）史思明为其子史朝义所杀。唐军则在郭子仪、李光弼等人的领导下，屡败叛军。宝应元年（762）史朝义穷迫自杀，安史之乱宣告平定。

安史之乱是唐朝由盛而衰的转折点。战乱虽平，安史部将势力并未消灭，藩镇割据局面由此形成。唐朝的全盛时代从此结束。

《大唐中兴颂》（拓片）

科举制

中国从隋唐开始设科考试以选拔官吏的制度。始创于隋，成熟于唐，严密于宋，中衰于元，鼎盛于明清，延续至清末。最初分秀才、明经、进士等科，故称科举。后专重进士一科。

明清时期的科举制度大致如下：考试内容主要是儒家经典。考生须先参加县试和府试，被录取后再参加院试。院试被录取者称为生员，即秀才。秀才通过科考，可以参加在省城举行的乡试。乡试被录取者称为举人。举人进京参加礼部举行的会试，取中者称贡士。贡士参加殿试，依成绩分为三等：一甲为进士及第，二甲为进士出身，三甲为同进士出身。一甲第一名称状元，第二名称榜眼，第三名称探花，合称三鼎

宋代科举考试图

甲。乡试第一名称解元，会试第一名称会元。如果乡试、会试、殿试均考取第一名，称连中三元。

科举制度的产生，适应了当时社会政治发展的需要，对维护封建统治起了重要作用，也选拔了一批有才识之士。但由于后期考试内容和方法的失当，科举制变得既禁锢思想，又抑制科学文化的发展。1905年，清政府下令"停科举以广学校"，在中国实行了1300多年的科举制度从此结束。

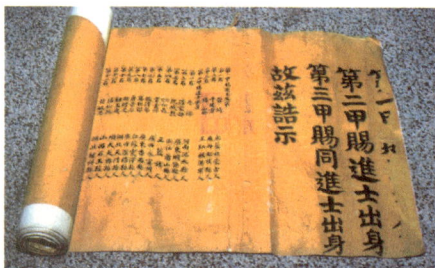
古代科举公布殿试结果的大金榜

玄奘

（602～664）

中国唐代僧人、旅行家、佛经翻译家。被尊称为三藏法师。俗姓陈，名祎。洛州缑氏（今河南偃师缑氏镇）人。13岁受度为僧，20岁受具足戒。因感各家学说不一，不知所从，决定西行求法以释疑惑。贞观三年（629）从长安出发，经今甘

玄奘

肃武威，出敦煌，再经今新疆和中亚等地，于五年到达中印度摩揭陀国王舍城，进入那烂陀寺。他从该寺戒贤学习《瑜伽师地论》等各类论典，历时五年。备受尊崇，为十大德之

一。之后游历印度东部、南部、西部、北部数十国，广泛参学。四年后回到那烂陀寺，应师嘱主讲《摄大乘论》《唯识抉择论》。十九年，玄奘谢绝多方恳留回国，带回大小乘佛教经律论共 520 夹 657 部。尔后住弘福寺、慈恩寺，集名僧建译场。至麟德元年（664），共译出佛教经论 75 部 1335 卷。他还把《老子》《大乘起信论》译为梵文。写成《大唐西域记》12 卷。玄奘还与其弟子窥基一起创立了法相宗。

鉴真

（687～763）

中国唐代律宗僧人。俗姓淳于。扬州江阳（今江苏扬州）人。14 岁时被收为沙弥，配居大云寺。神龙元年（705），依道岸律师受菩萨戒。景龙二年（708），在长安实际寺依恒景律师受具足戒。巡游两京，究学三藏，对律藏造诣尤深。

鉴真和尚干漆夹像

天宝元年（742），日本僧人荣睿、普照受日本佛教界和政府的委托，聘请他去日传戒，鉴真欣然应允。自天宝元年开始至天宝七载，他先后五次率众东渡，均失败。但他东渡弘法之志弥坚，于天宝十二载第六次东渡，终于到达日本九州，次年至平城京（今奈良）。鉴真在日本受到朝野盛大的欢迎。旋为日本天皇、皇后、太子等人授菩萨戒，为沙弥证修等 440 余人授戒。自是日本始有正式的律学传承。鉴真被尊为日本律宗初祖。

鉴真与弟子建造的唐招提寺建筑群，为日本奈良时代艺术高潮的形成增添了异彩。鉴真及其弟子去日时携带王羲之、献之父子的书法真迹，影响所及，至今日本人民犹热爱中国书法艺术不衰。鉴真还被日本药物学界奉为医药始祖。

吐蕃

7 世纪初至 9 世纪中叶藏族在中国青藏高原建立的边疆民族政权。蕃为古代藏族自称。6 世纪时，以山南地区经营农业的雅隆部为首的部落联盟已经建立政权，并逐渐将势力扩展到拉萨河流域，其君称赞普。629 年松赞干布即位为赞普，建都逻些（今西藏拉萨）。他制定法律及职官、军事制度；统一度量衡；命人创制文字，与唐、天竺（今印度）、泥婆罗（今尼泊尔）开展交往，引入先进文化。唐与吐蕃曾两次和亲，但双方冲突不断。安史之乱后，吐蕃乘虚据有陇右、

位于西藏琼结的藏王墓

关西，并一度攻进长安。8世纪90年代，吐蕃势力极盛，控制区域西达葱岭（今帕米尔高原），北至天山，东至今四川西部及甘肃陇山一带。846年，吐蕃统治阶层内部矛盾爆发，战争连年不绝，引起奴隶、平民大起义，吐蕃瓦解。自松赞干布起，吐蕃赞普共9人，历218年。

松赞干布

（？～649/650）

藏族吐蕃王国的创建者。一作弃宗弄赞，又名弃苏农。穷哇达则（今西藏琼结）人。629年，松赞干布即位为赞普，建都逻些（今西藏拉萨）。他削平内乱，统一青藏高原，正式建立奴隶主统治的吐蕃王国。他制定法律及职官、军事制度；统一度量衡；命人创制文字，与唐、天竺（今印度）、泥婆罗（今尼泊尔）开展交往，

引入先进的文化、技术；发展农牧业生产，推广灌溉。这些措施使吐蕃社会有了迅速发展。

西藏拉萨布达拉宫内的
松赞干布泥塑像

641年，松赞干布迎娶文成公主，促进了汉藏文化的交流。唐高宗即位后封他为驸马都尉、西海郡王。在赞普位二十余年。

文成公主

（？～680）

吐蕃赞普松赞干布之妻。唐宗室女。634年，松赞干布遣使入唐求联姻，唐以文成公主许婚。641年，文成公主入

布达拉宫内的文成公主泥塑像

吐蕃。文成公主信仰佛教，在逻些(今西藏拉萨)修建小昭寺。松赞干布因娶公主，羡慕华风，派吐蕃贵族子弟至长安国学学习诗书，从唐境聘请文士为他掌管表疏，又向唐请求给予工匠。文成公主对吐蕃吸收汉族

布达拉宫白宫门廊上的
《文成公主进藏图》

文化有不小影响。在藏传佛教中，她被认作绿度母的化身，受到极大尊崇。

五代十国

中国唐朝灭亡后，在北方相继出现的五个朝代（907～960）和南方及山西先后存在的十个政权（891～979）的合称。

五代是后梁、后唐、后晋、后汉、后周。除后梁的一个短暂时期及后唐定都洛阳外，后梁大部分时期和其他三代都以开封为首都。五代各朝均为前朝方镇所建立，都建国于华北地区，疆域以后梁最小，后唐最大。十国是前蜀、后蜀、吴、南唐、吴越、闽、楚、南汉、南平（荆南）和北汉。北汉建国于今山西境内，其余九国都在南方。十国与五代并存，但各国存在的时间长短不一。疆域以南平最小，南唐最大。

五代政权改易迅速，中原

五代顾闳中绘《韩熙载夜宴图》（局部）

战乱频仍，社会经济遭到严重破坏。后周时期这一地区趋于稳定，后周孕育出的赵宋政权更进而结束了十国的局面。南方动乱较小，吴蜀地区继续发展，闽、广、湘、鄂地区也加速了开发过程。

辽

契丹族在中国北方地区建立的王朝（916～1125）。916年，辽太祖耶律阿保机在今内蒙古西拉木伦河流域建契丹国，947年改国号为辽。全盛时期，南以白沟河为界，东至东海、北海，北至今蒙古鄂嫩河、色楞格河流域，西至金山（阿尔泰山）。辽"以国制治契丹，以汉制待汉人"，实行南北面官制。1004年宋与辽订立澶渊之盟后，大体保持和平的局面。辽中叶后，贵族长期陷入相互

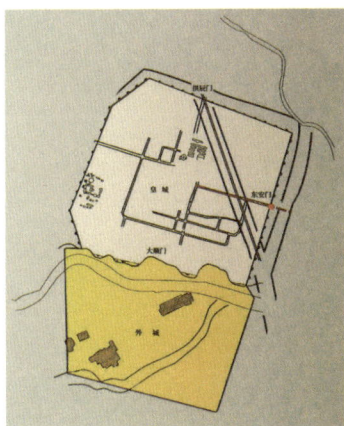

辽上京平面图

倾轧之中。北方诸族相继兴起，辽连年出兵征讨，精锐损耗殆尽。1125年，辽为女真所灭。辽各民族从事不同的生产职业：既有畜牧业，也有农业，狩猎和捕鱼仍有一定的经济地位，手工业取得具有特色的成就。辽创造了契丹文字，但文

化深受汉族影响。

契丹文大字碑残石

萧太后

（953 ～ 1009）

中国辽景宗耶律贤的皇后、辽圣宗耶律隆绪的生母。姓萧，名燕燕，汉名绰。乾亨四年（982），辽景宗死，辽圣宗立，萧燕燕奉遗诏摄政，号承天皇太后。她加强对宗室的约束和对吏民的管理，使政局渐趋稳定；注意改善契丹族和汉族的关系，在倚重契丹族官员的同时，也任用了许多汉族官员。统和四年（986）到二十二年，辽宋交战多次，她常与圣宗亲征，史称其"习知军政，澶渊之役亲御戎车，指麾三军，赏罚信明，将士用命"。统和时期，辽的国势达到全盛，与她的活动有密切关系。

澶渊之盟

中国北宋与辽在澶州（今河南濮阳附近）缔结的一次盟约。澶州亦名澶渊郡，故史称澶渊之盟。北宋景德元年（1004），辽萧太后和圣宗发兵南下，抵达黄河边的澶州城北，威胁宋朝的都城东京开封。宰相寇准力请宋真宗亲征，真宗被迫北上。宋军在澶州射杀辽将，辽军士气受挫。宋真宗登上澶州北城门楼，以示督战。宋、辽两军出现相峙局面。宋、辽商定和议，约定宋朝每年给辽绢20万匹、银10万两，沿边州军各守疆界。此外，又约定宋、辽为兄弟之国。盟约缔结后，宋、辽形成长期并立的形势。

河南濮阳澶渊盟碑

西夏

中国宋代西北地区以党项族为主体民族的王朝（1038～1227）。自称大夏国或白高大夏国。唐末五代时，党项族建立了李氏政权。1031年，元昊继位，进行一系列改革，并接连对北宋、吐蕃、回鹘用兵，进一步扩大了版图。1038年，元昊正式立国称帝。宋朝不予承认，并不断对西夏用兵。1044年，宋朝册封元昊为夏国主。以后，西夏与宋、金时战时和。西夏后期，内政不稳，统治衰弱。1227年，西夏被蒙古所灭。西夏的农业、牧业比较发达，手工业以冶铁、锻造、毛织、晒盐及陶瓷等较突出，商业则以官方经营的边境贸易为主。在吸收汉族先进文化的

西夏王陵三号陵

基础上，创造了具有民族特色的文明。西夏文和汉文并用。

西夏景宗李元昊

（1003 ~ 1048）

中国西夏皇帝。小字嵬理，后更名曩霄。通汉文。1031年元昊嗣位，宋封他为西平王，辽封他为夏国王。1032年，他废弃唐、宋所赐李、赵姓氏及拓跋旧姓，改姓嵬名，自称兀卒（"青天子"之意）。1034年，建年号开运，升兴州（今宁夏银川）为兴庆府，更新官制，主持创制西夏文。天授礼法延祚元年（1038），建国号大夏，自称皇帝。进表宋廷，要求承认既成事实。宋廷下令削赐姓官爵、禁断互市贸易，双方发生战争。七年，双方媾和。同年，辽兴宗亲率大军西征，为元昊所败。从此，西夏、宋、辽三方鼎峙的局势形成。十一年，元昊被太子宁凌哥刺死。

宋

中国继五代十国之后赵氏建立的中原王朝（960 ~ 1279）。960年在开封（今河南开封）建国，史称北宋。北宋历九帝，首都东京开封府，1127年被金朝所灭。同年，在南京应天府（今河南商丘西南）重建，史称南宋。南宋历九帝，行都临安府（今浙江杭州），1279年被元朝所灭。

960年，赵匡胤发动陈桥兵变，代后周立宋。宋朝统治者采取各种手段，将权力集中到中央。国家"不立田制"，一方面土地高度集中，另一方面出现了长时期的经济繁荣。但对辽战争屡次失利，1004年宋、辽订立澶渊之盟后，各守疆界。北宋维持着一支庞大的常备军，养兵费用占去岁入的大半，加上官僚机构庞大和统治集团挥霍，因此财政危机日益加剧。宋仁宗赵祯一度起用范仲淹等人进行改革，史称庆历新政。但改革旋即遭到阻挠而被废罢。宋神宗赵顼重用王安石等人实施新法。新法程度不等地达到了预期目的，但也产生了不少弊端。宋徽宗赵佶在位时，新政完全成为聚敛手段，激起了方腊、宋江等农民起义。

政策。绍兴十一年 (1141)，向金朝称臣，签订屈辱的"绍兴和议"。以后孝宗、宁宗两度北伐，但都告失败，被迫与金朝签订隆兴和议与嘉定和议。南宋经济发展颇有成就，城市经济尤为繁荣，但是土地高度集中，赋税繁重，疆域只有北宋的一半。农民起义时有发生。

北宋张择端绘《清明上河图》（局部）

北宋亡后，康王赵构即位，是为南宋高宗。1128 年，金人南侵，宋高宗逃往临安。他先后重用黄潜善、汪伯彦、秦桧为宰相，排斥李纲、宗泽、岳飞等人，推行对金委屈求和的

宋朝在经济、教育、科技、文化方面所达到的高度，在中国古代是空前的。它在经济等方面的成就，在当时居于世界领先地位，对人类文明产生了深远影响。其时，印刷术、火

药和指南针得到很好的开发应用；发行了世界上最早的纸币；海上贸易十分发达。

北宋交子

宋太祖赵匡胤

（927～976）

中国宋代开国皇帝。960～976年在位。涿郡（今河北涿州）人。后周时因战功升任

宋太祖赵匡胤

殿前都点检，统率禁军。960年，赵匡胤通过陈桥兵变夺取后周政权，建国号宋，定都开封。他先后灭荆南、湖南、后蜀、南汉和南唐，基本消灭五代十国时的各个割据政权。

宋太祖赵匡胤黄袍加身的陈桥驿旧址

他采取一系列措施，加强封建专制主义中央集权：即位不久，就以优厚的俸禄为条件，解除了禁军高级将领石守信等人的兵权；设参知政事、枢密使和三司使，以削弱宰相的职权；取消节度使兼领附近数州（支郡）的制度。他对辽的目标是争取用金帛赎回燕云十六州，在位期间宋与辽没有发生大的冲突。宋太祖的一系列措施，

基本上结束了唐安史之乱以来持续200年的藩镇割据局面。但是，他把主要精力集中于防制内患上，给后世造成一系列弊政。

王安石变法

中国北宋王安石于宋神宗熙宁年间（1068～1077）进行的改革。宋神宗即位后，立

王安石

志革新。熙宁元年（1068），宋神宗召王安石入京，变法立制。吕惠卿、曾布等人参与草拟新法。新法按照内容和作用大致可分为以下几个方面：限制商人，主要是均输法、市易法和免行法；发展农业生产，主要是青苗法、募役法、方田均税法和农田水利法；稳定封建秩序，主要是将兵法、保甲法、保马法及建立军器监等；改革科举制，整顿各级学校。

王安石变法以富国强兵为目标，新法实施将近15年。新法推行后，基本上收到了预期的效果，但也或多或少地触犯了中上级官员、皇室、豪强和高利贷者的利益，最终被罢废。

四大发明

中国古代发明的指南针、造纸术、印刷术和火药。为中国古代文明的标志性成就，是中华民族对世界文明做出的伟大贡献，深刻地影响了中国和世界文明的进程。

①造纸术。105年，东汉蔡伦总结前人的经验对造纸技术进行重大革新，发明造纸工艺，使纸的质量和产量都有大幅度提高。以后，历经魏晋南

北朝，纸替代了简、帛。

东汉造纸工艺

②印刷术。1974年，西安唐墓出土梵文《陀罗尼经》，印刷于7世纪，是现知中国和世界最早的雕版印刷品。1041～1048年，宋代技工毕昇发明胶泥制成的活字版印

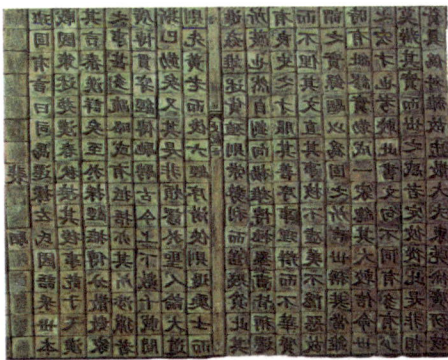

泥活字印刷术

刷技术，是为近代印刷术的开端。以后，中国人相继发明瓷活字、木活字、锡活字、铜活字等活字版印刷方法。

③火药。指黑火药的制造。起自中国古代的炼丹术。在唐元和三年（808）之前，中国已发明火药。1044年北宋曾公亮主编的《武经总要》介绍的三种火药配方，是现知世界上最早的火药配方。宋、元、明时期，已制造出火箭、火毬（火炮）、火铳等各种火器。

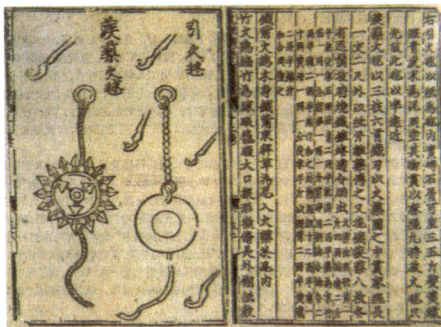

《武经总要》中关于中国古代火药配方

④指南针。利用磁铁针在地球磁场中具有的南北指极性能以辨别方向的仪器。汉代中国人已将天然磁石磨制成勺状的司南，用以指示方向。9世纪制造出世界上最早的指南针。11世纪末至12世纪初

用于航海。

司南和底盘复原模型

靖康之变

中国宋靖康年间金灭北宋的事件。靖康元年（1126）正月，金军南下，渡过黄河，直抵北宋东京开封。宋钦宗派使者赴金营求和。金军将领完颜宗望提出，宋割让太原、中山（今河北定州）、河间（今属河北）三镇才许议和。金军攻城，宋守军多次击退金军。但宋钦宗仍继续与金议和，答应金提出的赔款和割地的要求。金撤军北归。同年八月，金军再次南侵。闰十一月初，开封城破。宋钦宗亲赴金营，献上降表。次年四月，金军俘徽、钦二帝等北撤，北宋灭亡。

岳飞

（1103～1142）

中国南宋名将、军事家。字鹏举。相州汤阴（今属河南）人。少时习武，喜读兵书。曾

岳飞像（右）

从军抗辽。靖康元年（1126），复投军抗金，因作战勇敢得迁。高宗即位后，上书反对南迁被革职。后随河北招抚使张所等在黄河南北抗击金军，屡建战功。建炎三年（1129），金将完颜宗弼率军渡江南进，岳飞率部袭扰金军，多次获胜并收复建康（今江苏南京）。绍兴四年（1134），岳飞自江州（今江西九江）挥师北上，大败金

与伪齐军，收复六郡。次年，举兵奇袭伪齐军，收复豫西、陕南大片失地。十年，完颜宗弼再度南进，岳飞在郾城颍昌之战中击败金军主力。正当岳飞行将挥师渡河时，高宗、秦桧向金乞和，诏令各路宋军班师，致使其恢复中原的计划功败垂成。次年岳飞被解除兵权，为秦桧及其党羽诬陷入狱，以"莫须有"罪名被杀害。

岳飞精韬略，善运筹，博采众谋，用兵善谋机变，不拘常法；严于治军，信赏明罚，爱护士卒。其军以"冻死不拆屋，饿死不掳掠"著称，常能以少胜众。

河南汤阴岳飞庙

金

女真族建立的王朝（1115～1234）。传十帝。女真勃兴于今黑龙江、松花江流域及长白山地区。1115年，女真领袖完颜阿骨打称帝，建立金国。

金中都城遗址

1125年金灭辽，乘势侵宋。1127年掳徽、钦二帝北撤，北宋亡。金消灭辽和北宋后，统一了广大的北方地区。盛时疆域南至淮河，西南起自临洮府，西北至东胜州，北至大兴安岭，东至大海。金熙宗时废除女真旧制，采用唐宋官制，但在地方上仍对女真人实行传统的猛安谋克制。世宗、章宗统治时期，金朝的政治、文化达到巅峰，章宗后期由盛转衰。蒙古兴起后，南侵金朝。1234 年，南宋军与蒙古军配合，围哀宗于蔡州，金亡。

金时，社会经济获得一定发展，农业、手工业和商业也有所进步。金朝文化深受汉族影响，出现了元好问等著名文学家。科学技术方面也有相当的成就。

铜则——金大定十五年（1175）尚方署所造标准砝码

金太祖完颜阿骨打

（1068 ～ 1123）

中国金朝建立者、军事家。女真名阿骨打，汉名旻。按出虎水（今黑龙江哈尔滨东南阿什河）女真族完颜部人。天庆三年（1113）任女真各部联盟长，

称都勃极烈。四年，起兵反辽。五年，建国号金，定都会宁府（今黑龙江哈尔滨阿城区南）。同年，于今黑龙江五常以西破辽天祚帝耶律延禧亲征大军。次年，夺取辽东半岛以东地区。此后连年率军攻辽，先后攻占辽上京、中京、西京、南京。天辅七年（1123），领兵北返途中病死。在位期间，颁行女真文字；建立勃极烈辅政制和猛安谋克制。

黑龙江阿城金太祖完颜阿骨打陵墓

元

中国历史上蒙古族统治者建立的统一王朝（1206 ～ 1368）。1206 年，蒙古部落领袖铁木真建立蒙古汗国，称成

四处征战的蒙古军

吉思汗。同时，创立领户分封制、怯薛军、法典及蒙古文。1271年，忽必烈改称元，以金中都为大都（今北京）。1276年，灭南宋，统一中国。从成吉思汗建国算起，共15帝，历163年。

元朝制度多沿袭金制，同时保留一部分蒙古制度，在政治、军事、法律诸方面实行民族歧视的四等人制，对占人口绝大多数的汉人和南人实行高压政策。元中叶以后，政治腐败，阶级矛盾和民族矛盾尖锐。后期爆发了大规模的红巾军起义。元朝时期，农业逐渐得到恢复和发展；官营手工业发达，生产技术有较大的进步，尤以棉纺织为突出；城市商业和对外贸易相当繁荣；多种宗教兴盛，文化成就斐然，特别是元曲灿烂辉煌；郭守敬、王桢等在科学技术方面做出了杰出贡献。

元太祖成吉思汗

（1162 ~ 1227）

蒙古开国君主、军事统帅。名铁木真，姓孛儿只斤，乞颜氏，蒙古人。元朝追上庙号太祖。

元太祖成吉思汗

生于蒙古贵族世家。1204年，铁木真消灭蒙古各部。1206年，在斡难河（今鄂嫩河）源即蒙古国大汗位，号成吉思汗。他随即创立领户分封制、怯薛军、法典及蒙古文。此后，他三次入侵西夏。1211年，又率领大军南下攻金，四年后占领中都。1218年灭西辽。1219年，成吉思汗率20万大军西征，给中亚各族带来极大灾难。1226年，成吉思汗出征西夏。1227年西夏亡。同年，成吉思汗病逝，临终提出联宋灭金的战略。成吉思汗军事才能卓越，史称"深沉有大略，用兵如神"。他统一蒙古各部，在历史上起了进步作用。

元世祖忽必烈

（1215 ~ 1294）

大蒙古国第五代大汗、中国元朝的创建者。忽必烈热心学习汉文化，许多汉族才能之士通过交相引荐，聚集在他的藩府里。蒙古宪宗三年（1253），他奉命远征云南，灭大理国。十年，忽必烈即汗位，建元中统。至元八年（1271），建国号元。

元世祖忽必烈

忽必烈很重视社会生产的恢复和发展，采取了一些有利于农业和手工业生产的措施，如立司农司、垦荒屯田、兴修水利、限制抑良为奴等。在他统治期间，社会经济逐步恢复，有些地区有所发展，边疆地区得到开发。忽必烈还积极着手征南宋战争。十一年，命伯颜统兵大举南征。十六年，消灭南宋残余势力，完成全国的统一。此后，忽必烈又接连派遣军队远征日本、安南、占城、缅甸和爪哇，但都以失败告终。

行中书省

中国元朝地方最高行政机构和行政区划。简称行省，或只称省。元世祖中统元年（1260），设立中书省总领全国政务。因幅员辽阔，先后于重要都会建立十个行中书省，分领各大地区。起初皆以中书省宰执官出领各行省，称行某处中书省事。后来行省成为常设地方行政机构，元朝遂更定官制，只称某处行省官。至元二十三年（1286），罢各行省所设丞相，只置平章政事为最高长官，其后部分地大事繁的行省仍许设丞相。行省掌管辖境内的钱粮、兵甲、屯种、漕运及其他军国重事，统领路、府、州、县。除十行省之外，元朝还于高丽置征东行省，但征东行省与元朝国内诸行省性质不同。

元朝行省制度的确立，是中国行政制度的一大变革。明灭元后，改行省为承宣布政使司，但习惯上仍称行省，一般简称省。省作为地方一级行政区划的名称，一直沿用到现代。

明

（1368～1644）

中国历史上继元朝之后的统一王朝。共传12代，历16帝，统治277年。1368年，朱元璋在应天（今南京）称帝，国号明。地域最广时，东北抵日本海、鄂霍次克海、兀的河（今乌第河）流域，西北到新疆哈密，西南包括今西藏、云南，东南到今东海、南海及海外诸岛。

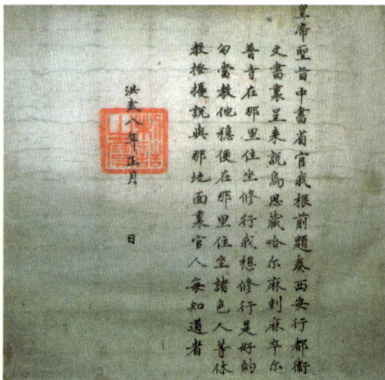

洪武皇帝给乌思藏哈尔麻的旨诰

明朝自建立之初，便极力加强中央集权，形成空前的专制统治。永乐十九年（1421），明成祖朱棣迁都北京。明宣宗以后，大权逐渐旁落于宦官之手。嘉靖时，宦官势力受到裁抑，但内阁又擅权。隆庆、万历年间，首辅张居正锐意改革。明神宗时，统治集团内部的党争日益激化，最终发展为阉党和东林党的斗争。明末，朝廷大征"三饷"（辽饷、剿饷、练饷），导致农民起义爆发，明朝灭亡。

山海关上明代炮台

明朝农产品商品化扩大，手工业水平提高，商业繁荣，市场活跃。文化极为繁盛，出现了王守仁、李贽等人物；小说成就辉煌，最著名的有《水浒传》《三国演义》和《西游记》等；徐光启、宋应星、李时珍、徐霞客等科学家做出杰出的贡献。当时，还出现了中国历史上最大的类书——《永乐大典》。

明朝在政治、经济、文化等方面对亚洲各国有较深影响。1405～1433年，郑和率领船队七下西洋，前后到过亚非三十多个国家和地区。

郑和宝船模型

明太祖朱元璋

（1328～1398）

中国明朝开国皇帝。幼名重八，参加农民起义军后改名元璋，字国瑞。17岁时因父、母、兄皆死于瘟疫而孤，不得已入

寺为僧。至正十一年（1351），红巾军起义爆发。次年，朱元璋投奔红巾军郭子兴部，后成为起义军首领。十六年，攻占集庆（今江苏南京），改集庆为应天。采用"高筑墙，广积粮，缓称王"的策略，在应天屯田，壮大军力。先后击破陈友谅、张士诚部。1368年在应天称帝，国号明，建元洪武。

明太祖朱元璋

洪武二十年（1387）统一全国。朱元璋制定了一系列的政策和制度，将中央集权君主专制发展到空前程度：废中书省和丞相，政归六部；创立卫

所制；实行休养生息的经济政策；采取荐举、学校、科举三途并用的办法选取官吏；借胡惟庸案、蓝玉案大肆诛戮功臣；制定《大明律》和《大诰》，还特别设立锦衣卫特务机构；实行分封制。

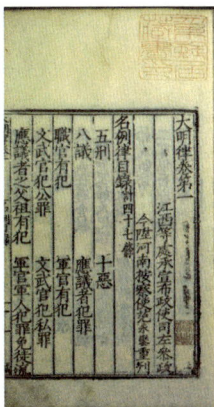

明正德十六年刻本《大明律》

明成祖朱棣

（1360 ～ 1424）

中国明朝皇帝。明太祖朱元璋第四子。洪武三年（1370）受封燕王，就藩北平后多次受命参与北方军事活动。建文帝朱允炆即位后实行削藩，朱棣于建文元年（1399）发动靖难之役。四年，夺取皇位。次年改元永乐。

明成祖朱棣

他进一步强化君主专制：对忠于建文帝的文臣进行残酷屠杀，大肆株连；皇位较巩固后，继续实行削藩；继续实行朱元璋的徙富民政策；设置内阁；设立分遣御史巡行制度，鼓励官吏互相告讦；设置镇守内臣和东厂衙门，恢复锦衣卫。朱棣十分重视经营北方，永乐初即改北平为北京，十九年（1421）迁都北京。在位期间，社会经济持续恢复和发展。在政治稳定、国库充盈的支持下，调动大量人力物力编修了中国古代类书之冠——《永乐大典》。在对外关系方面，派郑和率领船队多次出使西洋，同时又派陈诚等出使西域。

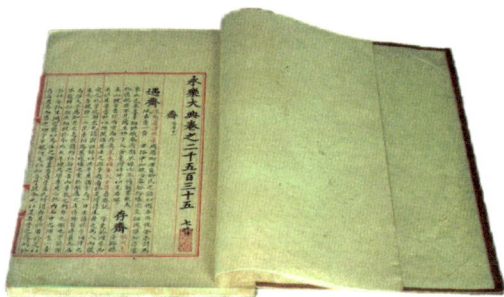

《永乐大典》（明内府抄本）

三司

中国明代行省中平行的三个最高权力机构。系都指挥使司、承宣布政使司、提刑按察使司的合称。明初沿元制，地方设行省，后以行省权力太大，遂将行省的权力一分为三，设都、布、按三司。都指挥使司简称都司，是地方最高军事机构；承宣布政使司简称布政司，是一省的最高行政权力机构；提刑按察使司简称按察司，是一省的最高司法机构。三司互

不统属，分别归中央有关部门管辖。

六部

中国隋唐以后中央行政机构吏部、户部、礼部、兵部、刑部、工部的总称。隋始设，唐高宗时六部之名始定，并沿用至清末。隋时，定六部为尚书省组成部分，掌全国行政事务。吏部为六部之首，掌全国文职官员铨选、勋封、考课之政；户部掌管全国户口、田土、财赋之政；礼部掌管五礼仪制及学校、贡举之政；兵部掌管武官铨选、考核及军籍、疆界、边防、军械、仪仗等军事之政令；刑部掌管全国刑名及徒隶、勾复、关禁之令；工部掌土木水利工程及屯田、官府手工业之政令。六部的正副长官分别称尚书、侍郎。中唐至五代，六部权力削弱，形同虚设。北宋前期，六部所掌事务甚少。

元丰改制后,六部复行其本职。元以六部改属中书省。明初沿元制,洪武十三年（1380）罢丞相,废中书省,析其政归六部。至此,六部各自独立,直接听命于皇帝,地位大为提高。清沿明制。

内阁

中国明清两朝综理国家政务的最高行政机构。明洪武时为加强君主集权统治,废除丞相制度,仿宋制设华盖殿、武英殿、文渊阁、东阁等殿阁大学士。殿阁大学士为皇帝侍从顾问,不直接参与政务。永乐初特简翰林院官员入文渊阁当值,参与机密重务。因文渊阁地处内廷,故称内阁。宣德、正统时,内阁逐渐成为协助皇帝决策的中枢机构。明中叶以后,阁臣分为首辅、次辅、群辅,朝位班次列于六部尚书之上。清初改内三院为内阁,内阁名义上仍为最高官署,实际已不再具有明内阁的中枢地位。后内阁逐渐成为处理例行政务及发布文告的机构。宣统三年（1911）设立责任内阁,旧内阁即告废除。

锦衣卫

中国明代上直卫亲军。洪武十五年（1382）改原仪鸾司设。下设镇抚司,掌本卫刑名

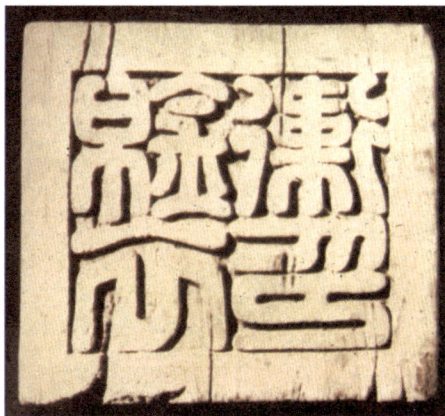

锦衣卫印

及诏狱,后罢诏狱。永乐中复置,并分设南北镇抚司,以北镇抚司专掌诏狱,南镇抚司领军匠。锦衣卫指挥使由皇帝心腹担任。除侍卫掌卤簿仪仗外,

专司侦查，名为"缇骑"。可以不通过司法机构，直接奉诏行事，受理词状，任意逮捕吏民。锦衣卫属外官，奏事需用奏疏，故势力不及东厂和西厂。

东厂和西厂

中国明朝内廷的特务机构。东厂系永乐十八年（1420）设立于北京东安门北，西厂系成化十三年（1477）设于旧灰厂。东、西厂的头目，多由司礼监太监兼任。东厂和西厂监视官民和锦衣卫，西厂有时还监视东厂。东、西厂和锦衣卫都可以不通过司法机构，直接奉诏行事，受理词状，任意逮捕吏民。东厂督主有爪牙十五六万人，布满全国。东厂还拥有土地庄田。

郑和下西洋

1405～1433年，郑和率领船队七次出使亚非三十多个国家和地区。为中国航海史和外交史上的重大事件。

郑和，云南昆阳（今云南晋宁）人，回族。本姓马，初名三宝，洪武时被阉入宫，又称三宝太监。以靖难之役立功，明成祖朱棣赐姓郑，始名郑和。后升为内官监太监。从永乐三年（1405）至宣德八年（1433）的28年间，郑和七下西洋，从南京下关宝船厂出发，沿江、浙、闽、粤海岸南下，复西行，

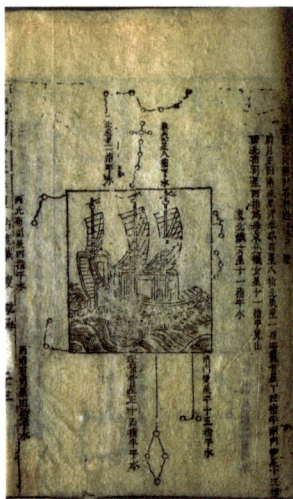

《郑和航海图》中的《过洋牵星图》

最远到达非洲东岸肯尼亚的蒙巴萨，访问了亚非沿岸三十多个国家和地区。前三次的主要任务是在东南亚和南亚为明朝

树立声威，并为下一步向南亚以西更远的地方航行建立中途转航的据点。后四次的主要任务是向南亚以西继续航行，通过开辟新航路，让海外国家的贡使接踵而来，宾服于中国，为明朝在海外建立前所未有的功绩和广泛联系。

郑和接收外国土人贡礼

郑和下西洋规模之大、时间之长、范围之广都是空前的。它不仅在航海活动上达到了当时世界航海事业的顶峰，而且对发展中国与亚非国家间政治、经济和文化上的友好关系做出了巨大贡献。

戚继光

（1528 ～ 1588）

中国明朝名将、民族英雄、军事家。字元敬，号南塘，晚号孟诸。嘉靖二十八年（1549）

戚继光

中武举。三十四年，调任浙江都司佥事。旋进参将。三十八年，往义乌招募农民、矿工，将其编练成戚家军。四十年，在台州、仙居、桃渚等处大胜倭寇，九战皆捷。次年奉命率军入闽抗倭，先后捣毁福建三大倭巢。四十二年，率军与福建总兵俞大猷、广东总兵刘显协力作战，攻克被倭寇据为巢穴的平海卫。不久，升福建总兵。此后转战闽粤沿海各地。与谭纶、俞大猷等抗倭名将浴血奋战，基本荡平东南沿海倭患。隆庆二年（1568），明廷特召戚继光总理蓟州、昌平、真保三镇练兵事务。他整饬防务，加强战备，设立武学，训练将士，编成一支车、骑、步皆备的精锐部队。后受排挤，调任广东总兵。再后遭诬陷，被夺职。戚继光注重练兵，尤善育将。所撰《纪效新书》《练兵实纪》，受到兵家重视。

郑成功

（1624～1662）

中国明清之际抗清名将、民族英雄。福建南安人。本名森，字名俨，号大木。生于日本平户（今长崎县松浦郡）。南明隆武帝赐姓朱，封忠孝伯。顺治三年（1646），父郑芝龙降清，郑成功乃走南澳（今属广东）起兵抗清，屡次拒绝清

朝招降。后计杀盘踞厦门的郑联，以厦门为抗清基地。十四年，南明永历帝封他为延平郡

清代黄梓绘《郑成功像》

王。十六年，率兵连克瓜洲、镇江，进逼南京。在南京城外因轻敌被清军突袭，败退厦门。翌年，清廷调集三省兵力进攻厦门，郑成功率部奋起反击，守住厦门。

顺治十八年，他率领 2.5 万名官兵、数百艘战船，从福建金门出发，在赤嵌（今台湾台南）附近的禾寮港登陆。围

攻赤嵌城，用断水的办法逼迫荷兰守军出降。继又对台湾城（今台南市安平镇）长期围困，迫使荷兰殖民总督揆一签字投降。郑成功废除荷兰在台湾的殖民体制，建立行政机构，为开发台湾做出了重大贡献。

徐光启

（1562 ～ 1633）

中国明代科学家、政治家。字子先，号玄扈。上海人。万历三十二年（1604）中进士。

徐光启

从耶稣会传教士利玛窦等学习西方数学、天文、水利、地理、火器等"有用之实学"，译成《几何原本》《测量法义》《泰西水法》诸书。四十七年，为抗击清兵，累疏自请练兵通州。天启间，遭阉党排陷，告病闲住，从事农业科学的研究和《农政全书》的编写。崇祯二年（1629）奉敕督造红夷炮，抵抗清军。三年，疏陈垦田、水利、救荒、盐法等拯时急务，擢礼部尚书。六年病卒。主要著作有《农政全书》60卷。主编有《崇祯历书》，并著有《测量异同》《勾股义》等。

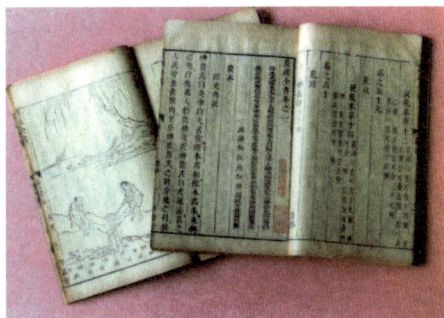

《农政全书》

清

中国历史上最后一个封建王朝（1644 ～ 1911）。1616年努尔哈赤称汗，国号大金（史称后金），建都赫图阿拉（今

辽宁新宾）。后迁都盛京（今沈阳）。1636年皇太极改国号

沈阳故宫凤凰楼

军机处

为大清。1644年明朝覆亡，清军入关，迁都北京，逐步确立对全国的统治。自世祖以下，共历十帝，存在268年。全盛时疆域西至巴尔喀什湖；东至海，包括台湾和澎湖列岛；北至唐努乌梁海，与俄国接壤；南达南沙群岛。

　　清朝在政治、经济制度上多沿袭明制，但也有一些不同，如设立内务府管理宫廷事务，设理藩院管理少数民族事务等。雍正时设立的军机处总揽政务，成为中枢。地方设巡抚、总督

管辖一省或数省的军政。清朝前半期，在更名田、摊丁入地等政策的刺激下，经济迅速发展。手工业的发展颇为引人注目。商业的发展也达到空前的高度。康熙、雍正和乾隆时期，清帝国达到鼎盛。嘉庆、道光时期，封建统治逐渐衰落。鸦片战争后，中国沦为半殖民地半封建社会。

　　在思想、文化方面，出现了黄宗羲、顾炎武、王夫之、颜元等思想家，他们趋向经世致用，反对专制政治。清朝统治逐步稳定后，大兴文字狱，对思想文化加强控制。但在目录版本、校勘辨伪、音韵训诂、

辑佚补遗、天文历算、金石、地理、文学方面，都取得了很大成就。以书画、戏剧、小说的成就最为突出。

南怀仁为康熙皇帝制作的浑天仪

清太祖努尔哈赤
（1559 ~ 1626）

中国大金（后金）的创建者、清朝奠基人。爱新觉罗氏。满族。他的祖父与父亲被明军误杀，于是他打起为祖、父报仇的旗号，以"遗甲十三副"起兵，开始了统一女真各部的事业。他用三十多年的时间，统一了建州女真和海西女真的全部，以及"野人"女真的大部。万历二十七年（1599），他命人创制满文（老满文）。四十三年,建立八旗制度。次年，努尔哈赤在赫图阿拉称汗，建立大金（史称后金），改元天命，自此公开与明抗衡。

清太祖努尔哈赤

天命三年（1618），努尔哈赤统兵攻陷明抚顺、清河等地。六年，他率领大军相继攻占沈阳、辽阳等七十余城。迁都沈阳。努尔哈赤进入辽沈地区以后，先后实行计丁授田和编丁立庄。这些政策使汉人遭到残酷的剥削，加深了民族矛盾。十一年，他统率大军进攻宁远（今辽宁兴城），被宁远守将袁崇焕击败。不久病死。葬沈阳福陵。

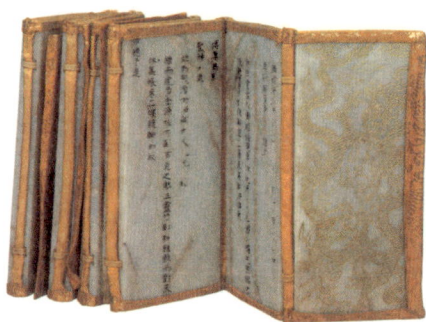

清太祖高皇帝努尔哈赤谥册

八旗制度

中国清代满族社会"兵民合一"的特殊组织形式。从牛录制演变发展而来。万历二十九年（1601），努尔哈赤建立黄、白、红、蓝四旗，称为正黄旗、正白旗、正红旗、正蓝旗。四十三年，为适应满族社会发展的需要，在原有牛录制的基础上创立八旗制度，即在原有的四旗之外，增编镶（亦作"厢"）黄旗、镶白旗、镶红旗、镶蓝旗四旗。旗制规定：每三百人为一牛录（后定汉称为佐领，牛录额真亦称佐领），设牛录额真一人；五牛录为一甲喇，设甲喇额真一人；五甲喇为一固山，设固山额真一人。

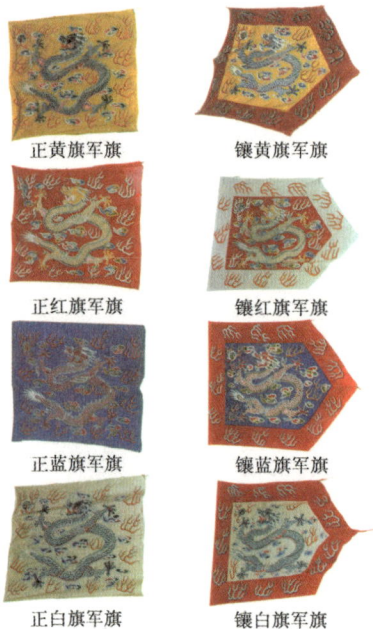

正黄旗军旗　镶黄旗军旗
正红旗军旗　镶红旗军旗
正蓝旗军旗　镶蓝旗军旗
正白旗军旗　镶白旗军旗

八旗旗帜

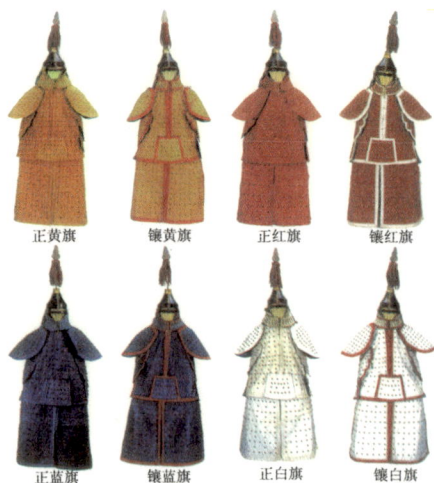

正黄旗　镶黄旗　正红旗　镶红旗
正蓝旗　镶蓝旗　正白旗　镶白旗

八旗盔甲

八旗制度建立后，每旗所辖的牛录数和牛录下的丁数时有变化，但旗制终清未改。清太宗时，又建立蒙古八旗和汉军八旗，旗制与满洲八旗同。八旗制度与清朝的命运紧密联系在一起，经历了由盛而衰、由衰而亡的整个历史过程。

清太宗皇太极

（1592～1643）

中国清朝的创建者。爱新觉罗氏。满族。努尔哈赤第八子。天命十一年（1626）在沈阳即后金汗位。天聪十年（1636）在沈阳称帝，改国号为大清。

清太宗皇太极

皇太极努力整顿内部，建立内三院和六部，设立蒙古八旗和汉军八旗，任用汉族的官员将领，大力加强皇权，削弱满族皇室诸大贝勒的权力。他提出"治国之要，莫先安民"的方针，改革制度，使大量汉

皇太极称帝后使用的信牌

族奴隶取得民户地位；注意体恤民力，有妨农务的工程一律不兴筑。在其治下，农业有了较大发展，社会矛盾得到缓和。他在位期间，继续对外扩张：攻灭蒙古察哈尔部林丹汗，统一漠南蒙古；又两次进军朝鲜，切断明廷与朝鲜的长期联盟。崇德五年（1640）始，清军进

攻松山、锦州地区。皇太极亲临前线指挥作战，大败明军。明朝在山海关外的要隘尽失。崇德八年，皇太极猝然病死。葬沈阳昭陵。

清圣祖玄烨

（1654～1722）

中国清朝皇帝。爱新觉罗氏。满族。清世祖福临第三子。顺治十八年（1661）继承皇位，改次年为康熙元年，习称康熙帝。八年（1669），清除鳌拜及其同党，掌握实权。

清圣祖玄烨

玄烨亲政后，先后平定三藩，统一台湾，并粉碎了西北厄鲁特蒙古准噶尔部上层分子的分裂阴谋，基本实现了国家的统一。二十四年至二十六年，组织了两次收复雅克萨之战。中俄两国通过平等谈判，于二十八年正式签订《尼布楚条约》，从法律上确定了中俄东段边界。他十分注意恢复和发展生产，下令停止清初圈地弊政。实行更名田，将明藩王土地给予原种之人，使耕种藩田的农民成为自耕农。实行蠲免政策，以鼓励农业生产。经过几十年的努力，全国垦田面积大大增加，人口迅速增长，出现了所谓康乾盛世。

他对汉族官吏、名士及一般士子，分别采取不同措施，罗致了封建统治所需要的人才。设置南书房，命翰林院詹事府、国子监官员轮流入值，以笼络汉官。命开博学鸿儒科，以网罗硕彦鸿儒入史馆纂修明史。

清人绘《平定准噶尔图卷》

又吸收大量学者编纂各种图书，著名的有《古今图书集成》。玄烨对程朱理学尤其提倡，大批信奉程朱的理学名臣如李光地、汤斌等受到重用。清代严酷的文字狱也是从康熙时期开始的。

康熙帝统治时期，中国成为疆域辽阔、统一繁盛的国家，经济、文化得到发展，伸向中国的西方早期殖民势力受到遏制，封建社会进入新的相对稳定时期。

清政府统一台湾

中国清康熙年间发生的一次重大政治事件。康熙初年，全国大规模的抗清斗争已经基本结束，唯郑成功子郑经占据台湾，仍奉明正朔。康熙二十一年（1682），郑经病死，郑克塽继立为延平郡王，实为傀儡，郑氏集团内部矛盾加深。清政府以形势有利，决定统一台湾，任命内大臣施琅为福建水师提督，赴福建筹备一切事宜。二十二年六月，施琅率领水师2万余人、大小战舰200余艘，一举攻占

清政府统一台湾

澎湖。台湾失去屏障，郑氏军事力量损失惨重。施琅派人前去招抚。七月，郑克塽派人到澎湖奉表归降。八月，施琅率领清军抵达台湾。清政府决定设置台湾府，隶属于福建。于台湾置总兵一员，澎湖设副将一员，领兵镇守。台湾自此统一于清朝中央政府的管辖之下。

雅克萨之战

清康熙二十四至二十六年（1685～1687），中国军民驱逐沙俄侵略军、收复领土雅克萨的战争。

明末清初，沙俄开始侵入中国黑龙江流域，先后强占雅克萨和尼布楚（今俄罗斯境内）两城，残杀中国居民。清廷多次要求其退出，均遭拒绝，遂决定以武力予以驱逐。二十四年，康熙帝派都统彭春、副都统班达尔善率八旗兵和福建藤牌兵组成的水陆军队，会同黑龙江将军萨布素围攻雅克萨。清军击退沙俄援军，用火炮攻城，沙俄军投降，清军毁城还师。不久，沙俄军再度侵入雅克萨旧址，筑城盘踞。次年，清军再围雅克萨。经长期围困，沙俄军弹尽粮绝，沙俄政府被迫同意谈判。二十六年，清军撤围，雅克萨之战结束。战后，中俄双方签订《尼布楚条约》，从法律上确定了中俄东段边界。

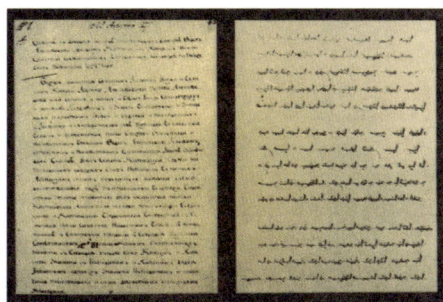

《尼布楚条约》

清高宗弘历

（1711-09-25 ～ 1799-02-07）

中国清朝皇帝。爱新觉罗氏。满族。清世宗胤禛第四子。雍正十一年（1733）封和硕宝亲王，十三年即帝位，年号乾隆，习称乾隆帝。在位 60 年。传位嘉庆帝后，为太上皇帝，仍掌军国大政，直至去世。实际统治 63 年，是中国历史上掌权时间最长的皇帝。

清高宗弘历

在位期间，多次用兵统一疆土，如平定大小和卓之乱，使统一的多民族国家得到巩固发展。同时，加强了对西藏的管辖。由于西方殖民势力对中国不断进行试探，乾隆帝采取限制贸易、减少接触政策，规定只留广州一口通商，其他海口一律禁止贸易。他拒绝英国

金瓶掣签

马戛尔尼使团来华提出的各项有损中国主权的要求，对沙俄也坚持原定条约的规定。

乾隆帝十分重视文化事业，以国家财力纂修书籍甚多。乾隆三十八年（1773）更开馆编纂《四库全书》。他又喜爱书法、绘画、古砚，命臣下搜罗进献，对古代珍贵文物的保存颇有贡献。但他对稍涉辽事或认为于其统治不利的古籍多加禁毁，造成文化上的重大损失。又迭兴文字狱。

文津阁本《四库全书》

乾隆帝一生武功显赫，自诩十全武功。他六下江南，繁兴土木，耗费大量人力财力。中期任用于敏中，晚年又宠信和珅，吏治渐趋败坏，大贪污案层出不

《乾隆南巡图》（局部）

穷。加之土地高度集中，人口增长过快，阶级矛盾日渐尖锐。自乾隆三十九年山东王伦起义以后，连续发生多次起义。

闭关政策

中国清政府在对外关系中所执行的控制贸易及隔绝与外国交往的政策。清建立全国政权之后，厉行闭关政策。以乾隆二十二年（1757）为界，大体可分为前后两个不同时期。前期禁海的目的主要在于隔绝大陆人民与台湾郑氏抗清力量交通，防范人民集聚海上；后期则着重防禁"民夷交错"，针对外国商人，以条规立法形式，严加限制对外贸易。乾隆二十二年，清廷针对外国资本主义势力而厉行闭关政策，只准在广州一口贸易。在对外贸易中，清政府又实行商行制度，即设广州十三行以进行垄断。清政府只允许少数股实富商设立"公行"，负责与外商从事进出口贸易，并代表清政府与洋商交涉。同时，清政府对出洋贸易的国人也有种种严格限制。1840 年，英国用大炮轰开了中国的大门。

虎门销烟

1839 年 6 月 3 ~ 25 日湖广总督林则徐率广州地方官吏在虎门海滩销毁鸦片的事件。19 世纪初，鸦片开始大量输入中国，不仅损害吸食者的健康，而且造成白银外流，使清廷财政陷入困境。清廷命林则徐为钦差大臣，前往广东禁烟。林则徐会同两广总督邓廷桢等传讯洋商，令外国烟贩限期交出鸦片，采取撤买办工役、封闭商馆等措施，收缴英国趸船上的全部鸦片。道光十九年四月二十二日（1839 年 6 月 3 日）起在虎门海滩销烟，20 天销毁鸦片共计 237 万余斤。虎门销烟打击了外国侵略者的气焰，维护了中华民族的尊严。

鸦片战争

清道光二十年至二十二年（1840～1842）英国发动的侵略中国的战争。清政府以鸦片危害至深至重，遂决定禁烟，派林则徐赴广州全权主持其事。英国以此为借口，悍然发动侵华战争。1840年6月，英国船舰及士兵到达中国海面，第一次鸦片战争正式开始。清政府中主和派掌握实权，排挤林则徐等主战派；道光帝在战争中和战不定。英军相继攻陷厦门、定海、镇海、宁波、镇江等地。1842年8月初英舰直抵南京江面，清钦差大臣耆英等赶到南京议和。鸦片战争至此结束。清政府被迫签订中国历史上第一个不平等条约——《南京条约》。从此，中国由封建社会逐步变为半殖民地半封建社会。

《南京条约》

中国清朝钦差大臣耆英与

清军水师同英国侵略者在广州珠江口海面激战

英国全权代表璞鼎查于 1842 年 8 月 29 日在南京签订的结束鸦片战争的条约。又称《江宁条约》。为中国近代史上外国侵略者强迫清政府订立的第一批不平等条约之一。共 13 款。主要内容包括：①中国割让香港；②向英国赔款 2100 万银圆；③开放广州、福州、厦门、宁波、上海五口对外通商，英国可派驻领事；④废除公行制度，英商可以与中国商人自由进行贸易；⑤中国抽收进出口货的税率由中英共同议定。从此，中国的社会性质开始发生根本性的变化，由封建社会逐步变为半殖民地半封建社会。

林则徐

（1785-08-30 ～ 1850-11-22）

中国清代鸦片战争时期主张严禁鸦片、抵抗西方侵略的爱国政治家。史学界称其为

林则徐

近代中国"开眼看世界的第一人"。字元抚，又字少穆、石麟。福建侯官（今福州）人。嘉庆十六年（1811）年中进士。

清政府代表在英国军舰上签订《南京条约》

历任江苏巡抚、湖广总督等职。道光十八年（1838）受命为钦差大臣，前往广东禁烟。次年主持虎门销烟。组织翻译西文书报，主持编译的《四洲志》《华事夷言》等是中国近代最早介绍外国的文献。他大力整顿海防，积极备战；组织地方团练，招募水勇。在九龙炮战和穿鼻洋海战中，亲赴虎门布防，数败英军。鸦片战争开始后，林则徐被革职，后被充军伊犁。二十五年被重新起用，历任陕西巡抚、云贵总督等职。平生爱好诗词书法。

魏源

（1794～1857）

中国晚清思想家、经史学者、诗人。原名远达，字默深。湖南邵阳县金潭（今属隆回县）人。曾先后任江苏布政使、巡抚幕僚，主持《皇朝经世文编》纂辑事宜。后入京任内阁中书，与龚自珍以讲求匡时救弊之学而齐名，有"龚魏"之称。

魏源

鸦片战争爆发，魏源一度入浙江参赞军务。他根据林则徐主持译编的《四洲志》，参考历代史志及西人记录，辑成《海国图志》。《海国图志》共100卷，介绍西方各国历史地理状况，主张学习西方的先进科学技术。道光二十五年（1845）中进士。官至高邮知州，后辞官归隐。

清文宗奕詝

（1831～1861）

中国清朝皇帝。爱新觉罗氏。满族。宣宗旻宁第四子。

道光三十年（1850）即位，年号咸丰，习称咸丰帝。当政时政治腐败，内忧外患交困。1853年太平天国定都南京，出师北伐，直逼京师。清廷集八旗、绿营兵主力及湘军与太平军作战。

清文宗奕詝

1856年第二次鸦片战争爆发。1858年英法联军攻占大沽炮台，咸丰帝派桂良等与英、法、俄、美分别签订《天津条约》。1860年英法联军攻入北京，焚毁圆明园，咸丰帝逃往热河承德，命弟奕䜣留京求和，同英、法分别签订《北京条约》。第二次鸦片战争中清政府又被迫签订中俄《瑷珲条约》和中俄《北京条约》。1861年病死于热河行宫。

太平天国

中国近代反对清朝封建统治和外国资本主义侵略的农

1852年刊刻发行的《太平诏书》

民战争及其所建立的政权。嘉庆以后，清朝封建政权腐朽无力。而西方资本主义国家对中国的经济侵略，加剧了广大人民的生活贫困和社会动乱。道光二十四年（1844）初夏，洪

太平军作战图

秀全以传教为掩护，向农民宣传反清思想，吸收农民参加拜上帝会。1851 年 1 月 11 日，洪秀全在广西桂平县（今桂平市）金田村领导起义，建号太平天国，称天王。1853 年 3 月 19 日攻克南京。旋即定都南京，号称天京。不久出师北伐、西征，之后进行了东征，在军事上达到全盛。1856 年 9 月，太平天国发生严重的领导集团内讧，实力大受损伤。同治三年六月（1864 年 7 月），在外国侵略者和清政府的联合绞杀下，天京失陷，太平天国中央政权覆亡。太平天国沉重打击了清朝的封建统治，为辛亥革命的胜利铺平了道路。

洪秀全
（1814 ～ 1864）

太平天国的创始人和思想指导者。中国广东花县（今广州市花都区）人。屡试不中。

洪秀全

1843 年阅读了基督教布道书《劝世良言》后，开始传教活动。后成为拜上帝会的首领。1851 年 1 月 11 日，洪秀全在广西桂平县（今桂平市）金田村领导信徒起义，建号太平天国，称天王。1853 年 3 月 19 日，率太平军攻克南京并定都，号称天京。其后洪秀全在太平天国中致力宗教甚于实际政务。他与其他领导人的矛盾也日渐加深。1856年9月，太平天国发生内乱，从此由盛转衰。1863年，太平天国统治区相继失陷，洪秀全坚持死守天京。1864年6月3日，他因病去世。一个半月后，清军攻破天京，太平天国中央政权灭亡。

湘军

中国晚清时期曾国藩以湘乡练勇为基础，在湖南创建的一支军队。又称湘勇。湘军将领主要是湘乡人，大多是封建儒生，士兵则招募湘乡一带农民。湘军的士兵由营官自招，并只服从营官，上下层层隶属，全军只服从曾国藩一人。湘军分陆军、水师两种，于1854年初在衡州（今衡阳）编练建成，共1.7万余人。是年夏，出省作战。以后几年间，与太平军在湖北、江西的沿江地区争夺。1860年曾国藩任钦差大臣、两江总督后，湘军成为镇压太平天国的清军主力。1864年7月，湘军攻破天京。之后声势愈大。曾国藩为避免清廷疑虑，又因湘军暮气日深，大量裁撤直系部队，其支系仍在安徽、湖北、河南、山东、江苏等地镇压捻军。湘军水师则改建为长江水师。以后，湘军不再是国家的主要军队。

第二次鸦片战争

咸丰六年至十年（1856～1860）英、法在俄、美支持下联合发动的侵华战争。因其实质是鸦片战争的继续和扩大而得名。又称英法联军之役。为攫取更多的权利，1856年10月，英国利用"亚罗"号事件制造借口，悍然挑起侵略战争。1857年，法国政府将马神父事

英法联军攻击大沽炮台

件作为侵略中国的借口，出兵来华协同英军行动。清政府对外国侵略者采取"息兵为要"的方针。美、俄两国假装调停，实则乘机捞取权益。1858年6月，清政府被迫与英、法、美、俄分别签订了《天津条约》。次年6月，英、法利用到北京交换条约文本的机会，再次挑

英法联军焚烧后的圆明园欧式宫殿残迹

起战争。1860年10月英法联军攻占北京，焚毁圆明园。清政府被迫签订中英、中法《北京条约》。中国社会进一步半殖民地化。

《瑷珲条约》

第二次鸦片战争期间俄国强迫中国清政府签订的不平等条约。又称《中俄瑷珲条约》。咸丰八年四月（1858年5月），乘英法联军进犯天津、威胁北京之际，俄国派兵船多艘驶至瑷珲，以武力相威胁，迫使黑龙江将军奕山签订《瑷珲条约》。条约共3款，主要内容为：中俄以黑龙江为界；乌苏里河（今乌苏里江）以东至海所有土地由两国共管；黑龙江、

乌苏里河只准中、俄行船，黑龙江左岸、由精奇里河（今结雅河）以南至豁尔莫勒津屯（后称江东六十四屯）仍保留中方的永久居住权和管辖权。清政府最初没有批准《瑷珲条约》，至1860年订立中俄《北京条约》时，始予承认。

《天津条约》

第二次鸦片战争期间，中国清政府与英、法、俄、美签订的条约。中英《天津条约》共56款，附约1款；中法《天津条约》共42款，附约6款。

1858年中英签订《天津条约》

主要内容包括：①公使常驻北京；②增开牛庄（后改营口）、登州（后改烟台）、台湾（后定为台南）、淡水、潮州（后改汕头）、琼州、汉口、九江、南京、镇江为通商口岸；③外籍传教士可入内地自由传教；④外国人可往内地游历、通商；⑤外国商船可在长江各口岸往来；⑥修改税则，减轻商船吨税；⑦对英赔款银400万两，对法赔款银200万两。俄、美与清政府签订中俄《天津条约》12款、中美《天津条约》30款，攫取了除赔款外与英、法所得几乎一样的侵略特权。

《北京条约》

中国清政府与英、法、俄在北京签订的结束第二次鸦片战争的条约。中英、中法《北京条约》的主要内容有：①开天津为商埠。②准许英、法招募华工出国。③割让九龙司给英国。④退还以前没收的天主教资产。法方还擅自在中文约本上增加"并任法国传教士在各省租买田地，建造自便"的条款。⑤赔偿英、法军费各增至800万两，恤金英国50万两，法国20万两。俄国自以"调停"有功，逼迫清政府订立了中俄《北京条约》，割占乌苏里江以东约40万平方千米的中国领土。条约的签订，不仅使外国资本主义的侵略势力由东南沿海进入中国内地，而且使中国社会进一步半殖民地化。

租界

帝国主义列强根据和清政府缔结的不平等条约，以居住和经商为名，在中国一些通商口岸和城市永久或长期占用的地段。其领土主权仍属中国。由于领事裁判权的不断扩大，租界内相继设立警察、法院、市政管理和税收机关。外国人不仅开设商行、建筑栈房、码头、工厂，走私贩毒等活动亦时有发生，以致租界成为"国中之国"及帝国主义势力侵略中国的重要据点。

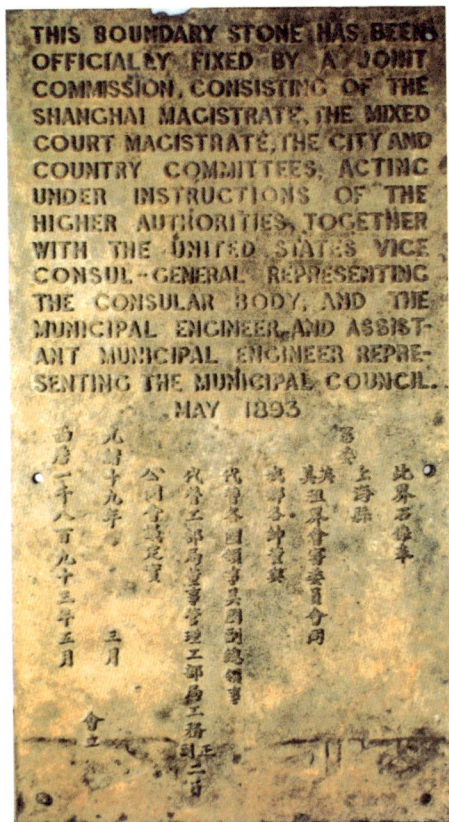

上海英美租界碑

1845年11月，英国最早在上海取得租界。其后列强纷纷在上海和中国其他城市划定租界。到清朝末年，散布在沿海、沿江16个商埠的租界共43处，其中以英租界最多，计11处。1919～1947年，经过长期斗争，中国陆续收回各国租界。

日本在天津的租界

慈禧太后

（1835 ～ 1908）

中国清朝咸丰帝之妃，同治、光绪两朝实际最高统治者。

慈禧太后

那拉氏，祖居叶赫，故称叶赫那拉。满洲镶蓝旗人。咸丰二年（1852）被选入宫，1856年生皇长子载淳。在宫中的地位仅次于皇后钮祜禄氏。

1861年，六岁的载淳即位，年号祺祥。她和钮祜禄氏被尊为皇太后，徽号分别为慈禧、慈安，俗称西太后、东太后。她与恭亲王奕䜣等贵族官僚发动辛酉政变，实行垂帘听政，自己掌握实权。慈禧太后依靠曾国藩、李鸿章等组织的汉族地主武装，先后镇压了太平天国、捻军等农民起义。她一方面支持洋务运动，另一方面又支持顽固派对洋务派进行牵制。

同治十三年（1875），同

治帝病死。她立四岁的载湉为帝，年号光绪，继续垂帘听政。

慈禧太后听政处（养心殿东暖阁的御座和纱帘）

1887 年，改垂帘听政为训政。1889 年，名义上归政于光绪帝，实际仍操纵内政和外交大权。1894 年中日甲午战争中，她支持李鸿章避战静守的方针，以致战败，与日本签订丧权辱国的《马关条约》。1898 年，光绪帝实行变法。慈禧太后发动政变，幽禁光绪帝，废除全部维新措施，捕杀维新派。之后宣布重新训政。对义和团的反帝斗争先是利用，后又血腥屠杀。1901 年，与十一国签订空前屈辱的《辛丑条约》。此后，为缓和国内外矛盾，陆续推行"新政"。1906 年又宣布"预备立宪"。

1908 年，光绪帝死。她命立年仅三岁的溥仪为帝，年号宣统。次日病死，结束对清朝长达 47 年的统治。

清穆宗载淳

（1856～1875）

中国清朝皇帝。爱新觉罗氏。满族。文宗奕詝长子。咸丰

清穆宗载淳

十一年（1861）即帝位，年号祺祥，由肃顺等顾命八大臣辅

佐。同年其生母慈禧太后与恭亲王奕䜣等发动政变后，改年号为同治，习称同治帝。即位后由慈禧太后掌权。在位期间依靠湘军、淮军，并借助外国军队平定太平军、捻军、回民和苗民起义；在洋务派支持下推行自强、求富的新政，创办工矿企业；接见西方使节，维持中外和好局面。这一时期被旧史家称为同治中兴。

总理各国事务衙门

中国清末主管外交事务、派出驻外国使节，并兼管通商、海防、关税、路矿、邮电、军工、同文馆、派遣留学生等事务的中央机构。简称总理衙门、总署或译署。咸丰十一年（1861），恭亲王奕䜣等奏请设立总理各国事务衙门。1862年3月成立。

同治初年总理衙门三大臣

总理衙门由王大臣或军机大臣兼领，设大臣、章京两级职官。编制设置分英国股、法国股、俄国股、美国股、海防股、清档房和银库。直属机构有同文馆和海关总税务司署。此外，其下还设南、北洋通商大臣。1901年改为外务部，为六部之首。

总理各国事务衙门旧照

淮军

中国晚清在曾国藩支持下由李鸿章招募淮勇编练的一支军队。又称淮勇。出于湘军。1862年3月在安庆编成。成立时有6500人，以后扩编部队。至1864年，淮军先与英、法侵略军和常胜军相勾结，在上海附近对抗太平军；后配合湘军在苏、浙等地进攻太平天国。1865～1868年，先后在曾国藩、李鸿章率领下，在安徽、湖北、河南、山东、江苏、直隶（约今河北）等地作为清军主力与捻军作战。捻军被镇压后，淮军担负北自天津、保定，南迄上海、吴淞，南北数千里江海要地的防守。李鸿章以淮军成为晚清政局中的重要人物。淮军主要将领刘铭传、丁汝昌、聂士成等形成淮系军阀，是统治阶层中一个重要的武装政治集团。

清德宗载湉

（1871～1908）

中国清朝皇帝。爱新觉罗氏。满族。道光帝第七子醇亲王奕譞之子。1875年，同治帝病故，慈禧太后指定他入承大统。

清德宗载湉

即位时年仅四岁，由慈禧、慈安两太后垂帘听政，年号光绪，习称光绪帝。1887年光绪帝亲政，慈禧太后以"训政"名义掌握清廷最高权力。至1889年始正式亲政，但一切用人行政皆仍出慈禧太后之手。1894 年日本挑起中日甲午战争，光绪帝倾向主战。次年因战争失败，签订《马关条约》。光绪帝不甘为亡国之君，于 1898 年 6 月 11 日颁诏推行一系列除旧布新的变法措施，引起慈禧太后及顽固派的不满。9 月 21 日，光绪帝被囚禁于南海瀛台，慈禧太后重新训政。义

囚禁光绪皇帝的南海瀛台旧照

和团运动中，光绪帝力主剿杀义和团，反对围攻外国使馆及对列强宣战。八国联军攻入北京时，随慈禧太后逃往西安。后与慈禧太后等回銮北京。在清廷"新政"和"筹备立宪"期间，毫无作为。先慈禧太后一日死于瀛台。

洋务运动

中国清朝政府于 19 世纪 60 年代初到 90 年代中期，为了维护封建统治，引进和学习西方科学技术，兴办近代军事工业和民用工业，并相应地改革军事、外交、文化教育和某些政府机构等的活动。

1890 年江南机器制造总局的炼钢厂，翌年炼出中国第一炉钢

洋务运动是清朝统治阶级内部一部分当权的官僚所采取的自强措施。主张办洋务的这些贵族和官僚，被称为洋务派。主要有奕䜣、文祥、曾国藩、李鸿章、左宗棠等人。洋务运动以 19 世纪 70 年代初为界，分两个阶段：第一阶段以购置

洋枪洋炮，建立军事工业为主；第二阶段重点是筹建海军和建立民用企业。此外，还开办了同文馆等培养洋务人才的学堂，派出一批出国留学人员。

北洋水师提督府

洋务企业的创办，在一定程度上抵制了外国资本的渗透，刺激了民族工业的发展。但在腐朽的封建制度没有根本改变的情况下，洋务运动不能使中国走上富强的道路。1895 年清政府在中日甲午战争中战败和《马关条约》的签

订，标志着洋务运动的失败。

福州船政局鸟瞰

曾国藩

（1811 ～ 1872）

中国晚清重臣，湘军创立者、统帅。初名子城，字居武，号涤生。湖南湘乡人。道光十八年（1838）中进士。累迁内阁学士、礼部侍郎等。

曾国藩

1852 年奉旨帮同湖南巡抚

办理团练，遂组建湘军。1854年初湘军练成，以后几年间与太平军在湖北、江西的沿江地区争夺。1860年曾国藩任两江总督，督办江南军务。次年，奉命统辖江苏、安徽、江西、浙江四省军务。1862年始，组织对太平天国实行战略包围。至1864年7月，完成对太平天国起义的镇压。被封为一等毅勇侯。1865年，他奉命督办直隶（约今河北）、山东、河南三省军务，镇压捻军，无功。1870年6月，天津发生教案，他奉命前往查办，屈从于法国势力，处决、遣戍官民数十人，受到社会舆论谴责。

曾国藩主张"师夷智以造炮制船"。设立安庆内军械所；建造"黄鹄"号轮船；与李鸿章在上海创办江南机器制造总局等军事工业；筹措经费，派遣学童赴美留学。他于古文、诗词很有造诣，被奉为桐城派后期领袖、湘乡派创始者。

左宗棠

（1812～1885）

中国清末重臣、湘军重要统帅、洋务派首领。字季高。湖南湘阴人。道光十二年（1832）中举人。长于"义理经世"之学，对兵法和地舆有研究。1860年由曾国藩保举襄办皖南军务。

左宗棠

1862年初任浙江巡抚，率湘军入浙江，镇压太平军。1864年授闽浙总督，伙同法国人组成中法混合军——常捷军。同年追击太平军余部李世贤、汪海洋部，至1866年2月消灭太平军。1866年创办福州船政局，成为洋务派首领之一。1867年任陕甘总督，率湘军镇压西捻军和陕甘回民起义。继在西安、兰州两地创办机器局。1875年任钦差大臣，督办新疆军务。次年率军讨伐俄、英支持的阿古柏侵略军，先后收复除伊犁外的天山南北各地。1881年升任军机大臣，调任两江总督兼南洋通商事务大臣。中法战争中为主战派，督办福建军务。

李鸿章

（1823 ～ 1901）

中国晚清军政重臣，淮军创始人、统帅，洋务运动的主要倡导者。字子黻、渐甫，号少荃、仪叟。安徽合肥人。道光二十七年（1847）中进士。

1858年冬入曾国藩幕府襄办营务。1861年经曾国藩推荐，回皖北编练淮军。次年率淮军赴上海与太平军作战。不久出任江苏巡抚。因镇压苏南太平

李鸿章

军有功，被封为一等肃毅伯。1865年就任两江总督，参与镇压捻军。1870年任直隶总督兼北洋通商大臣，从此控制北洋达25年之久。

李鸿章积极从事洋务事业：创立江南机器制造总局和金陵机器制造局；以"官督商办"的形式创办一系列民用企业；建成北洋海军；创办各类新式学堂，并派人赴欧美留学。

他在对外交涉中始终抱定"委曲求全"的方针，与外国侵

略者签订了《烟台条约》《中法新约》《马关条约》《中俄密约》《辛丑条约》等条约。

张之洞
（1837～1909）

中国清末重臣、后期洋务派首领。字孝达，号香涛，又号香严。直隶南皮（今属河北）人。同治二年（1863）中进士。

张之洞

1881年任山西巡抚后，大力从事洋务活动。1884年授两广总督。中法战争爆发后，力主抗法。1889年调任湖广总督。建立湖北铁路局、湖北枪炮厂、湖北纺织官局；开办大冶铁矿、内河船运和电信事业；力促修建芦汉铁路；编练新军；设新式学堂，派遣学生出国留学。戊戌变法时期，起先支持维新活动，后提出"旧学为体，新学为用"，维护封建纲常，反对变法维新。义和团运动爆发后，主张严加镇压。八国联军进逼京津，他联络东南各省督抚，组织"东南互保"。镇压自立军起义。1901年，与刘坤一联衔合上三疏，为清政府"新政"活动提供蓝本。1907年调任军机大臣，兼管学部。次年任督办粤汉铁路大臣。

中法战争

1883年12月至1885年4月，由于法国侵略越南并进而侵略中国而引起的一次战争。1883年12月，法军进攻驻扎在越南山西的清军，中法战争爆发。1884年7月，法国舰队闯入福建马尾军港；8月23日，

法军发动进攻，福建水师全军覆没。1885年2月，法军直逼广西门户镇南关。3月，在冯

中法战争中，刘永福率黑旗军、岑毓英率云南军共同抵御法国军队（绘画）

子材的指挥下，清军取得镇南关大捷。同时，刘永福的黑旗军亦在临洮等地大败法军。法军节节败退。但清政府决定"乘胜即收"，和法国签订《中法新约》。中法战争后，中国西南逐渐变成法国的势力范围。

中日甲午战争

1894～1895年中国军民抗击日本侵略的战争。因1894年为农历甲午年，故名。1894年7月25日，日本海军在丰岛海面突然袭击中国护航军舰和运兵船。8月1日，清政府被迫宣战。由于慈禧太后、李鸿章等在战前寄希望于英、俄等国的调停，不认真备战，清军接连受挫。9月中旬，日军占领朝鲜平壤。9月17日，中日海军在黄海激战，双方互有损失，但清军损失稍重。因李鸿章下令不准出海作战，日军获取了黄海制海权。10月下旬，日军分两路入侵中国，很快占领大连（旧称青泥洼）、旅顺、海城等战略要地。1895年2月，

中国甲午战争博物馆

日军占领威海卫，北洋舰队全军覆没。4月17日，清政府被迫与日本签订丧权失地的《马关条约》。

黄海海战

中日甲午战争中，双方海军主力在黄海北部海域进行的战役。又称大东沟海战。1894年9月17日，北洋水师提督丁汝昌率18艘舰艇为运兵船护航后准备返航时，在鸭绿江口大东沟附近海域与日本联合舰队相遇。丁汝昌下令迎敌。日方凭借指挥灵活、舰艇航速高、舰炮射速快等优势，掌握了战场主动权。日方"松岛"等5艘舰艇被击伤，官兵死伤290余人。中方战术运用不当，战场指挥中断。"致远"等五艘舰艇沉毁，"定远"等四艘舰艇受伤，管带邓世昌、林永升等约千名官兵伤亡。战后，黄海制海权落入日本联合舰队手中。

《马关条约》

日本强迫清政府订立的关于结束中日甲午战争的不平等条约。原名《马关新约》，又名《春帆楼条约》。由李鸿章与日本全权代表伊藤博文、陆奥宗光于1895年4月17日在日本马关（今下关）签订。

中日签订《马关条约》（绘画）

通过条约，日本从中国割取辽东半岛（后被迫归还）、台湾岛及其附属各岛屿和澎湖列岛，索取赔款2.3亿两（含"赎辽费"3000万两）白银，并在中国获得一系列特权。条约的签订，使中国社会的半殖民地化程度大大加深。

公车上书

中国清末在北京应试的举人发起的上书请愿活动。1895年4月，清政府因战败，被迫与日本签订《马关条约》。消息传到北京，康有为联合各省应试举人，讨论上书请愿。会后由康有为起草万言书(即《上清帝第二书》)，提出拒签和约、迁都抗战和变法图强三项建议，以及富国、养民、教民等变法图强的具体措施。万言书征集

1895年刊行的《公车上书记》，记述了康有为等人上书请愿的活动

到1300余名举人的签名，于5月2日被呈递至都察院，都察院拒绝代呈。公车上书是资产阶级改良思潮发展为政治运动的起点。

戊戌变法

中国清末资产阶级改良政治运动。发生于1898年，因此年为戊戌年，故名。又称戊戌维新。中日甲午战争后，康有为组织发动公车上书，维新思潮发展为一场政治运动。维新派组织学会，创办报刊，开办学堂，宣扬变法主张。1897年，德国强占胶州湾，康有为上书光绪帝，痛陈局势的严重性和变法的紧迫性。1898年6月11日，光绪帝颁发"明定国是"诏，变法从此正式开始。光绪帝根据康有为等人的建议，颁布了几十道新政诏令。新政有利于民族资本主义经济的发展和资产阶级文化思想的传播，但危及封建守旧分子的利益，遭到他们的抵制和反对。9月21日，慈禧太后发动戊戌政变，

捕杀维新派，新政几乎全部被废。变法持续共103天，史称"百日维新"。

戊戌变法是一次爱国救亡运动，也是一次进步的政治改良运动和思想启蒙运动。

康有为

（1858 ~ 1927）

中国近代政治家、思想家。又名祖诒，字广厦，号长素、更生。广东南海人。光绪二十一年（1895）中进士。少时学习传统儒学，后接触到西方资本主义思想和当时的改良思潮。

康有为

1888年10月，康有为第一次上书光绪帝，提出变法主张。1891年，刊印《新学伪经考》，继又编纂《孔子改制考》，用孔教名义提出变法要求。1895年，他组织发动公车上书。创办《万国公报》，创立强学会，宣传变法维新。1898年6月11日光绪帝下诏变法，康有为深得倚重。戊戌政变后，他逃亡海外。创设保皇会，成为保皇派首领。辛亥革命成功后，他鼓吹君主立宪制。1917年参与张勋复辟。

梁启超

（1873 ~ 1929）

中国近代思想家、学者，戊戌维新运动领袖之一。字卓如，号任公，别号饮冰室主人。广东新会人。自幼接受传统教育，光绪十五年（1889）中举人。后投入康有为门下。

梁启超

1895 年，他协助康有为组织发动公车上书。维新运动期间，主笔《万国公报》和《时务报》。他的许多政论在社会

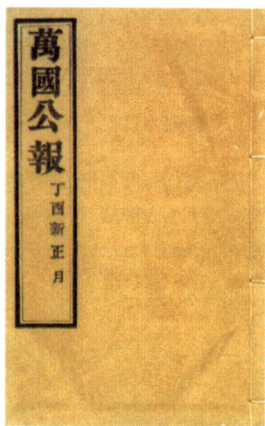

《万国公报》

上有很大影响。戊戌政变后，梁启超逃亡日本。他创办报纸，鼓吹改良，反对革命；同时大量介绍西方社会政治学说。武昌起义后，他一度宣扬君主立宪制。梁启超反对袁世凯称帝，积极组织反袁护国斗争。1917年 11 月，他辞去北洋政府财政总长之职，从此退出政坛。

梁启超学识渊博，著作等身，在文学、史学、哲学、佛学等领域都有较深的造诣。

京师大学堂

中国近代最早的国立大学。1898 年创立于北京。为戊戌变法的新政措施之一。1900年八国联军入侵北京，京师大学堂遭到破坏，校务停顿。

京师大学堂校牌

1902 年学堂恢复（同年京师同文馆被并入京师大学堂），设

速成、预备两科。速成科分仕学、师范两馆，预备科分政科及艺科。1903年增设进士馆、译学馆及医学实业馆。1910年发展为设有经、法、文、格致、农、工、商七科的大学。1912年始更名为北京大学。

义和团运动

中国清末群众性的反帝爱国运动。义和团原称义和拳，是长期流行于山东、直隶（约今河北）等地的民间秘密结社。

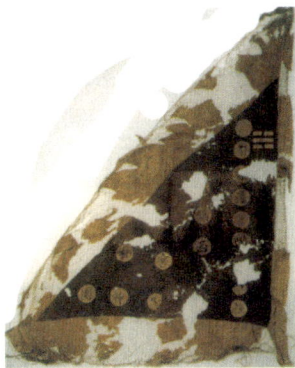

义和团团旗

以"扶清灭洋"相号召。1899年10月，朱红灯、本明和尚领导义和团在山东平原县与地方营队战斗，促使山东、直隶的反侵略斗争迅速发展。义和团不断壮大，进入京津地区。1900年6月，为镇压义和团运动，英、美、德、法、俄、日、意、奥八个国家组成侵略中国的联军。清政府决定对外宣战，利

加入义和团的甘军士兵

用义和团抗击联军。八国联军持续增兵，最后侵入北京。慈禧太后仓皇出逃，并下令镇压义和团运动。在国内外敌人的联合镇压下，义和团运动失败。

八国联军

帝国主义为镇压中国义和团运动而组成的侵华联军。主

要由英、美、德、法、俄、日、意、奥八个国家的军队组成。

八国联军进入紫禁城

19世纪末20世纪初，义和团运动爆发，帝国主义列强见清政府在义和团问题上"剿""抚"不定，遂决定用武力胁迫清政府就范。1900年5～6月，多国联军2000余人从天津进犯北京，在落垡、廊坊一带遭到义和团和清军的痛击。同时，列强海军联合夺占了大沽炮台，清政府被迫宣战。随后八国联军攻陷天津。8月14日，联军攻陷北京，疯狂进行烧杀抢掠。此后各国来华侵略军陆续增至10万

人。1901年9月7日签订《辛丑条约》后，八国联军除留一部常驻京津、津榆铁路线外，其余撤兵回国。

《辛丑条约》

帝国主义强迫清政府签订的不平等条约。又称《北京议定书》。1900年12月24日，除了参加武装侵略中国的英、美、德、法、俄、日、意、奥八个国家以外，又加上比利时、西班牙和荷兰，向清政府共同提出"议和大纲十二条"。1901年9月7日，条约正式签订。规定：中国向各国赔偿白银4.5亿两，连利息在内，共约9.82亿两；北京设使馆区；北京到山海关铁路沿线12处驻扎外国军队；惩办支持义和团运动的官吏，禁止中国人加入反帝组织，对镇压人民反抗不力的官员即行革职；改总理各国事务衙门为外务部，班列

各部之首；等等。《辛丑条约》的签订使清政府完全丧失独立地位。

清末"新政"

中国清朝政府在义和团运动后十年间推行的一系列政治、经济、文化、军事措施。当时习惯称为"新政"。1901年1月29日，清政府颁发上谕，开始实行"新政"。4月21日，又命成立督办政务处，作为推动"新政"的专门机构。以后陆续颁布各种章程命令推行"新政"，直至清朝灭亡。"新政"主要包括：编练新军，筹饷；废科举，办学堂，奖游学；改革官制；振兴商务，奖励实业。清末"新政"是清政府为维护其封建统治，迫于国内外形势而采取的措施。其中一些措施对传播文化和民主革命思想、发展工商业起了一定作用；而有些措施则激起人民的反抗，促进了辛亥革命的到来。

预备立宪

清政府在辛亥革命前夕实行的一系列政治措施。又称筹备立宪。

随着列强的入侵，近代宪法概念作为"西用"的一部分传入中国。义和团运动后，国内矛盾尖锐，各地相继爆发武装起义民主革命思想在国内广泛传播。资产阶级改良派为抵制革命，要求实行君主立宪制。在一部分中央和地方官员的支持下，清政府被迫采取一些政治措施，在不损害皇权的前提下，应付立宪运动，打击革命起义，挽救清朝统治。光绪三十一年(1905)，清政府提出"仿行宪政"，并派载泽、端方等五位大臣出洋考察宪政，同时又派遣留学生赴各国学习。五大臣考察归国后认为，立宪可使"皇位永固""外患渐轻""内患可弥"。于是，慈禧太后于1906年9月1日颁布"预备仿行宪政"的谕旨，宣布"预备立宪"，其原则是"大权统于朝廷，庶政公诸舆论"。11月6日清政府颁布《厘定官制谕》宣布开始改革官制。此时，立宪运动进入发展阶段，各地纷纷建立立宪团体，海外立宪派也积极响应。立宪派多次发动召开国会的请愿，立宪运动进入高潮阶段。为拉拢立宪派，清政府于1908年颁布了《钦定宪法大纲》，在规定皇帝权力方面，仍然和封建专制无甚区别。溥仪继位后，于1909年3月再次下诏重申"预备立宪"，命各省当年内成立谘议局。在各省谘议局和资政院要求召开国会的情况下，清政府被迫将预备立宪期从9年改为5年，定于1913年召开国会，1911年先组建内阁。

5月，清政府裁撤军机处等机构，组建内阁。由庆亲王奕劻任总理大臣，在13名国务大

清末赴国外考察宪政大臣端方（前排左起第7人）与随员在意大利罗马合影

臣中，汉族官僚4人，蒙古旗人1人满族8人，其中皇族又占5人，被讥为"皇族内阁"。至此，暴露了清政府借"预备立宪"镇压民主革命、维护自身统治的目的立宪派的幻想随之破灭，民主革命更加高涨。

新军

中国清朝末年编练的新式陆军。用西方营制编成，以洋操训练，使用洋枪洋炮。要求士兵具有一定的文化，军官多由国内外近代军事学堂毕业生充任。中日甲午战争爆发后始编练，此后主要由袁世凯主其事。1907年，新军编练在全国铺开。辛亥革命爆发后，大量新军走向革命，成为清朝的掘墓人。

严复

（1854-01-08 ～ 1921-10-27）

中国近代启蒙思想家、翻译家，初名传初，又名宗光，字幾道，又字又陵。福建侯官（今福州）人。1877年被选送英国学习海军驾驶。1879年归国后任教于福州船政学堂，次年调任北洋水师学堂总教习。

湖北新军司令部成员合影

中日甲午战争后，他参与创办《国闻报》，积极倡导变法维新；同时开始致力于翻译学术名著。

严复

严复是中国近代翻译、介绍西方学术名著的先驱，其影响最大的译作是《天演论》。《天演论》的出版使进化论的新思想在中国传播开来。

1905 年，他参与创办复旦公学，并于次年任校长。1912年京师大学堂改名北京大学后，严复被荐为首任校长。

《天演论》

孙中山

（1866-11-12 ～ 1925-03-12）

中国近代民主革命的先行者。名文，字德明，号逸仙；在日本从事革命活动时曾化名中山樵。广东香山（今中山）人。青少年时期比较系统地接受了西方式的近代教育。1892 年毕业于香港西医书院。

孙中山

1894 年上书李鸿章，提出改革主张，但未被接受。11 月，他在檀香山组织兴中会。次年，兴中会密谋起义，事泄失败。孙中山被迫流亡海外。

1905 年 8 月，孙中山与黄兴等人在日本东京创建全国性

广东省中山市翠亨村的孙中山故居

的资产阶级革命党——中国同盟会，孙中山被推举为总理。在同盟会机关报《民报》发刊词中，孙中山首次提出了以民族、民权、民生为核心内容的三民主义。1906～1911年，同盟会在华南各地组织多次武装起义。1911年10月武昌起义获得成功。孙中山被推举为中华民国临时大总统。袁世凯窃取革命成果后，孙中山组织了二次革命、护法战争等，为捍卫共和制度而斗争。1921年，孙中山就任非常大总统，组织第二次护法战争。1922年，新军阀陈炯明叛变，孙中山被迫离开广州赴上海。在孙中山革命事业最艰难的时刻，他得到了来自共产国际和中国共产党的帮助，完成了一生中最伟大的转折。1924年他改组中国国民党，重新阐释了三民主义，提出了"联俄、联共、扶助农工"三大政策，实现第一次国共合作。中国民主革命就此进入一个新高潮。1925 年 3 月 12 日，孙中山因患肝癌在北京逝世。

中国同盟会

中国清末全国性的民族民主革命政党。简称同盟会。1905 年 8 月 20 日，孙中山联合黄兴、宋教仁等人，以兴中会和华兴会为基础，在日本东京组成同盟会。同盟会以"驱除鞑虏，恢复中华，创立民国，平均地权"为革命纲领。推举孙中山为总理，黄兴为执行部庶务。以《民报》为机关刊物。

《民报》

在辛亥革命准备时期，同盟会

举行了多次武装起义。1912 年 8 月 25 日，同盟会改组为中国国民党。

黄花岗七十二烈士

1911 年 4 月 27 日广州起义牺牲后葬于广州东北郊黄花岗（原名红花岗）的革命党人。1910 年秋，同盟会决定在广州发动起义。由于情势变化，起义日期一再变动。举义时实际只有黄兴率领的一支队伍直扑两广总督衙门，孤军转战。起义最终失败。喻培伦、方声洞、陈更新、林觉民等百余人死难。后收殓烈士遗骸 72 具，史称"黄花岗七十二烈士"。这次起义极大地振奋了广大群众的斗志，成为辛亥革命的前奏。

武昌起义

引发中国辛亥革命的武装起义。1911 年 6 月，四川保路运动兴起，清政府调湖北新军

武昌起义纪念馆

入川镇压。早已在湖北新军和会党中积蓄力量的文学社和共进会决定在武汉发动起义。10月10日，起义爆发。次日，革命军占领武昌。各省闻讯响应，形成全国规模的辛亥革命。

辛亥革命

爆发于1911年的中国资产阶级民主主义革命。因当年为辛亥年，故名。1894年，孙中山创建兴中会。1905年，中国同盟会在东京成立。同盟会先后发动了萍浏醴、黄冈、防城、镇南关、河口、广州等起义。

1911年的四川保路运动成为辛亥革命的导火线。10月10日，

位于四川成都的辛亥秋保路死事纪念碑

武昌起义爆发。次日，起义胜利，各省纷纷响应，宣布独立。独立各省的代表集会，推举孙中山为临时大总统。1912年1月1日，孙中山在南京就职，宣布成立中华民国。2月12日清宣统帝退位。4月1日，孙中山正式解除临时大总统的职务。辛亥革命的成果被袁世凯所篡夺。辛亥革命失败。

辛亥革命结束了中国长达两千年之久的封建君主专制制度，促进了民主精神在中国的高涨，是中国历史上一次伟大的革命运动。